황홀한 체험, 프랑스 와인의 모든 것

황홀한 체험, 프랑스 와인의 모든 것

김태랑과 함께 맛보는 와인 · 샴페인 · 코냑의 세계

김태랑 지음

추천의 말

권인혁(전 프랑스 파리 주재 한국대사)

와인은 단순한 술이 아니라 인류의 문화유산이요 자연의 값진 선물이다. 우리는 포도나무에서 포기하지 않는 생명력을 배운다. 포도나무는 토양이 척박할수록 20~30미터까지 뿌리를 내리면서 물을 끌어올려 더 좋은 품질의 포도를 생산한다고 한다. 거기서 더 값지고 질 좋은 와인이 생산된다니 와인이란 어려움이 있을수록 더 힘을 내는 우리나라 사람들의 속성과 닮은 점이 있다. 내가 와인을 좋아하는 것은 그 때문이다.

오랫동안 외교관 생활을 하면서 나 역시 와인 공부의 필요성을 절감하고 있었던 바이다. 하지만 바쁜 공직생활에서 시간을 내어 따로 와인 공부를 한다는 것은 특별한 근면성과 와인에 대한 남다른 열정이 없이는 불가능한 일이다.

당시 코트라의 구아중동 지역의 책임을 맡아 본부장으로 근무중이었던 김태랑 본부장은 고단한 외국 생활중에도 휴일 등 모든 개인시간을 투자하여 와인 공부를 했던 것으로 알고 있다. 이제 그 경험을 바탕으로 책을 출간한다니 그 역시 끈기 있는 와인의 생명력을 닮았다는 생각을 하게 된다.

저자의 체험과 열정을 바탕으로 한 이 값진 자료가 와인을 사랑하고 즐기는 모든 사람들에게 큰 도움이 될 것으로 믿는다.

이경태(파리 주재 OECD 한국대사)

해외 생활, 특히 프랑스에서의 생활은 와인에 대한 이해가 없고서는 불가능하다고 할 만큼 와인이 일상에서 차지하는 비중이 크다.

하지만 프랑스 파리에 산다고 해서 누구나 쉽게 와인 공부를 할 수 있는 것은 아니다. 김태랑 본부장이 파리에서 근무할 때 그가 와인에 대한 각별한 관심과 전문가 이상의 식견을 갖고 있는 것이 나에게 큰 인상을 주었던 기억이 있다.

김태랑 본부장은 와인뿐만이 아니라 샴페인, 코냑 등 포도로 만드는 술에 대한 자격증을 모두 갖고 있는 것으로 알고 있다. 프랑스의 유명한 회사에서 그 어려운 과정을 다 마치고 값진 자격증까지 받았다는 것은 그가 얼마나 포도로 만든 술에 대해 열정을 가지고 열심히 공부를 했는지 알 수 있게 하는 대목이다.

프랑스어의 장벽도 있었고, 바쁜 직업인으로서 시간의 한계도 있었지만 쉬지 않고 노력하여 포도로 만든 술에 대해서는 누구에게도 뒤지지 않는 전문가가 된 것은 우리에게도 귀감이 되지 않을 수 없다.

이 책은 와인뿐만 아니라 우리에게는 아직 생소한 분야인 샴페인과 코냑에 대해서도 많은 것을 알게 해주는 귀중한 내용을 담고 있다. 또한 와인과 관련된 코르크나 오크통에 대해서도 직접 체험한 것들을 싣고 있기 때문에 와인 초보자뿐 아니라 와인 애호가들에게도 큰 도움이 될 것으로 믿는다.

자말(Jamal, 매종 알베르 비쇼 마케팅 담당 이사)

므슈 김이 우리 회사에서 와인을 공부하는 동안 나는 그가 가지고 있는 열정에 놀랐다. 그는 누구보다도 일찍 일어나서 포도밭을 돌아보았으며, 수확한 포도를 어깨에 져나르는 수고를 마다하지 않았다.

와인을 단순히 즐거움을 위해 마시는 술이라고 생각하거나, 팔아서 이득을 남기는 상품이라고 여기는 것 이상의 진지한 열정이 그에게는 있었다. 그런 만큼 와인을 공부하는 자세 또한 와인 회사에서 근무하는 우리조차 배울 점이 많았다.

우리 회사에서 그에게 준 디플로마는 영국 대사에게 1호를 준 지 23년 만에 준 제2호 디플로마이다. 그는 우리 회사에서 준비한 일련의 과정을 충실하게 수료했으며 여러 가지 테스트에도 무난히 통과했다. 그의 와인에 대한 폭넓은 지식과 깊은 애정을 볼 때 '와인 명예대사'라는 직함을 받기에 부족함이 없다고 생각한다.

누구보다 와인을 사랑하는 마음. 이 책에는 그의 그런 마음이 들어 있다. 책의 출간을 축하하며, 그가 이 책뿐 아니라 제2, 제3의 와인 책을 계속 써주기 바라는 마음이다.

Dr. Arifi Jamal

배보수(한국수입주류협회 회장)

나는 책의 저자인 김 선배님을 샴페인과 코냑에 관련한 일로 만나뵙게 되었다. 김 선배님은 수출입국의 기치를 드높였던 1970년대 초반부터 코트라맨으로 오대양 육대주를 누비며 나라를 위해 헌신해온 분이다. 나는 그분의 첫번째 책인 『장보고의 후예, 세계를 누비다』를 읽고는 김 선배님이 매사에 최선을 다하는 진정 우리 주위에 흔치 않은 분임을 느끼게 되었다.

이제 그분의 두번째 책이 출간된다니 기쁜 마음을 금할 수가 없다. 두번째 책은 김 선배님이 30여 년 간의 공직생활을 마감하면서, 해외근무를 하면서 익혔던 와인에 대한 지식과 느낌들을 읽기 쉽게 쓴 책이다. 주말과 휴가를 쪼개어 익힌 것이 이 정도라니 24년간 주류 수입업에 종사해온 사람으로서도 그 치열한 삶의 자세와 진지한 도전 정신에 존경심을 표하지 않을 수 없다.

와인에 대한 책들은 이미 많이 나와 있지만 이 책의 특징은 실제 경험했던 것들을 바탕으로 씌어졌기 때문에 누구나 손쉽게 읽을 수 있다는 것이다. 즐기면서 재미있게 읽다보면 저절로 와인에 대한 이해와 기본 상식을 얻을 수 있을 것이라 생각된다.

또한 처음 만나는 외국인과도 와인 얘기를 통해 자연스럽고 친밀한 분위기를 만들어줄 수 있는 좋은 지침서의 역할도 할 수 있을 것으로 기대한다.

지은이의 말

좋은 사람들과 마주앉은 저녁 식탁에서의 와인 한잔. 이는 더 이상 일부 사람들만의 호사는 아닌 듯하다. 오랜 외국 생활을 마치고 한국에 돌아와보니 이런저런 자리에서 와인잔을 기울이는 모습을 흔히 볼 수 있었다. 그러다보니 와인을 공부하려는 사람들의 모임도 많이 생기고 와인에 대한 정보도 넘쳐나는 것 같다. 하지만 그 많은 정보들 중에는 일부 잘못된 것들도 있고, 수박 겉핥기 식에 불과한 것도 많다. 이와 반대로 정보들이 너무 방대하고 전문적이어서 사람들이 지레 겁을 먹고 와인을 멀리하게 만들기도 한다.

여러 가지 어려움에도 불구하고 와인 책을 내기로 결심한 이유가 바로 여기에 있다. 와인을 알려면 제대로 알아야 한다. 잘못 알고 있는 것은 모르니만 못한 것이다.

내가 와인을 접하게 된 것은 외국인들과 많이 만나는 직업적인 이유 때문이다. 그런데 서구의 여러 나라를 돌면서 세계화 시대에는 와인이 더 이상 선택이 아니라 필수라는 것을 절실하게 느꼈다.

와인을 공부하기로 결심한 후 프랑스에 체재하는 몇 년 동안 나는 프랑스의 유명한 와인 산지를 대부분 돌아다녔다. 그리고 단순히 돌아보는 데 그치지 않고 포도나무의 경작부터 포도 수확, 와인 제조 과정에 이르기까지 실제로 와인 생산의 전과정을 일일이 체험해보았다. 이 과정에서 와인뿐만 아니라 역시 포도로 만드는 술인 샴페인과 코냑에 대해서도 공부하고, 또한 와인을 제조하는 데 없어서는 안될 코르크 마개나 오크통을 만드는 곳들도 빼놓지 않고 가보았다.

그렇게 해서 얻은 것이 와인과 샴페인, 코냑 디플로마이다. 이 디플로마는 와인 제조의 전과정을 수료하고 테스트를 통과했다는 증명으로, 책상머리에서 공부한 것이 아니라 직접 발로 뛴 것에 대한 보상이라고 생각한다.

이처럼 이 책에는 내가 직접 눈으로 보고 내 손으로 경험해본 내용들이 들어 있는데, 프랑스 와인에 대해서만 소개한 것은 바로 그 때문이다. 즉 너무 어렵고 복잡한 내용들보다는 반드시 알아야 할 와인의 기초와 흥미 있는 와인 상식들, 그리고 현장에서 직접 확인한 내용들만을 가려 실었다. 내가 즐거운 마음으로 공부한 것들을 적어놓은 책인 만큼 이 책을 읽는 사람들도 나와 같은 즐거움을 갖게 된다면 더 바랄 것이 없다.

끝으로 내가 와인 공부를 하는 데 가장 큰 지원을 해주었던 아내에게 고마움을 표하고 싶다. 아내는 수십 곳의 와인산지를 다니는 동안 장거리 운전을 도와주고, 현장에서는 사진사 역할, 자료 수집자 역할까지 마다하지 않았다. 책을 준비하는 과정에서 받은 아내의 도움은 말할 것도 없다. 오늘 저녁 와인 한잔으로 아내가 해주었던 그 동안의 수고를 달래고 싶다.

2002년 10월

김태랑

차례

추천의 말 5
지은이의 말 9

1부 나와 와인의 만남   15
　와인과의 첫만남 16
　와인은 세계화의 첫걸음 20
　와인과의 열애 22
　와인 디플로마 26
　샴페인 디플로마 32
　코냑 디플로마 36
　와인을 알면 보는 눈이 달라진다 40
　와인의 이름을 기억하라 42
　알아주는 사람 앞에서 와인의 가치는 빛난다 44

2부 와인 ABC   47
와인편
　와인이란 48
　와인의 분류 50
　와인의 원료 54
　와인 만들기 60
　와인 시음 64

샴페인편
    샴페인이란   70
    샴페인의 역사   72
    샴페인 만들기   76
    샴페인의 여왕, 클리코 퐁샤르뎅   80

코냑편
    코냑이란   86
    코냑 만들기   90
    코냑의 숙성, 천사도 코냑을 마신다   94

3부 알고 나면 재미있는 와인 이야기   101

    코르크 마개의 비밀   102
    와인을 와인답게 – 오크통   108
    와인병만 보아도 산지를 알 수 있다   112
    소리도 즐긴다 – 와인잔   116
    라벨 읽기   118
    병충해의 파수꾼 – 장미꽃   122
    어느 해 수확한 포도인가 – 빈티지   126
    원산지명칭통제제도에 대한 이해   128
    프랑스 와인의 품질 등급   132
    와인과 건강   138

4부 와인, 제대로 즐기자   143
　　와인을 즐기는 법 – 눈·코·입·뇌의 하모니   144
　　와인을 사러 갔다 – 와인 선택 조언   148
　　와인을 선물받았다 – 와인의 보관   152
　　식당에서 와인을 주문한다   154
　　와인은 주인이 먼저 시음한다   158
　　집에 손님을 초대했다 – 와인 서비스   160
　　우아하게 와인을 마시자 – 와인 에티켓   164
　　한국 음식과 와인   166
　　퍼마시는 음주문화여 안녕   168

5부 프랑스 명품 와인을 찾아서   173
　　이상적인 와인 생산지, 보르도 지방   174
　　왜 메독을 말하는가   180
　　햇볕 한줌 이슬 한 방울이라도 – 샤토 페트뤼스   184
　　부르고뉴 황금언덕과 본의 추억   188
　　자선을 베푸는 오스피스 드 본의 와인 경매   194
　　신의 축복을 받은 와인, 로마네 콩티   198
　　황금이 자라는 척박한 땅, 퓔리니 몽라셰   202
　　몽라셰의 명성을 이어가는 샤르트롱 가문   206
　　11월의 와인, 보졸레 누보   210
　　늦게 수확하는 포도, 알자스의 화이트와인   216
　　유사품이 명성을 말해주는 샤블리   222

1부 나와 와인의 만남

와인과의 첫 만남

> 그녀의 첫인상은 과히 좋은 것만은 아니었다. 첫눈에도 기품 있어 보이긴 했으나 너무 도도했고, 복잡하고 까다로운 주문이 많았다.
> 나로서는 사업상 그녀를 자주 만나는 것뿐이지 개인적으로 관심이 있었던 건 아니었기 때문에 그런 그녀의 태도가 성가시게 느껴졌다. 그녀 역시 그런 나를 쌀쌀맞게 취급하며 별로 상대하려 들지 않았다.
> ……그러나 우리의 만남은 운명이었다.

도도하기 짝이 없는 그녀. 바로 와인이다. 나는 와인을 그렇게 만났다. 지금은 와인이 없다는 건 상상할 수 없을 정도로 와인에 푹 빠져 있는 내가 처음에는 그저 그렇게 민숭민숭 와인을 대했다는 게 나로서도 믿기지 않을 정도이다.

그도 그럴 것이 나는 술을 못한다. 기독교인이어서 일부러 술을 가까이 하지 않은 이유도 있고, 술이라는 것이 원래 몸에 맞지 않아서일 수도 있지만, 여하튼 지금까지 취하도록 술을 마셔본 적은 없다. 사람들은 나를 보고 술을 말술로 마시게 생겼다고들 하지만 운동 후 맥주 한 잔 정도가 평생 주

량이었다.

그러다가 뒤늦게 '와인'을 만났다. 그야말로 운명처럼.

나의 직장은 코트라(KOTRA, 대한무역투자진흥공사)라는 곳이었다. 이름처럼 코트라는 우리 경제의 가장 중요한 부분인 대외무역 업무와, 외국자본을 우리나라에 유치하는 일을 하는 곳이다. 코트라맨으로 32년을 일하는 동안 17년을 해외에서 보냈다. 중동의 아랍에미리트와 카타르, 남미의 부에노스아이레스, 멕시코, 캐나다, 브라질을 거쳐서 일곱번째이자 마지막 부임지가 프랑스 파리였다. 이밖에도 공식·비공식으로 다녀온 나라를 세어보니 74개국이었다.

코트라에서 했던 일은 사람 만나는 것이 전부라고 해도 과언이 아니었다. 어느 나라에서 일을 하든 그 나라와 한국 간의 교역문제를 가지고 그 나라 사람들과 줄다리기를 해야 하는 입장이었다. 우리의 입장을 이해시키고 설득하고, 좀더 유리하게 상담을 이끌어나가는 일, 사람을 만나는 일 들이 때로는 즐겁기도 하지만 한 나라의 교역문제를 좌지우지하는 만남이다 보니 그 스트레스가 보통이 아니다.

상담 약속이 있으면 준비를 하게 마련이다. 상담할 내용에 대해 꼼꼼히 다시 확인하고 이런저런 수치, 통계 들도 틀리지 않게 암기하고 각종 관계 서류도 빠지지 않게 준비한다. 상대방을 설득할 논리적인 무기도 날을 세워 잘 갈아두어야 했다.

상담 내용만 준비한다고 끝나는 것은 아니다. 사람을 만날 때는 첫인상이라는 게 만남의 질을 좌우한다고 해도 과언이 아니다. 호감이 가는 첫인상을 위해서 깔끔한 옷, 단정한 머리 스타일, 깨끗한 피부, 그리고 구두에까지 신경을 쓴다. 또한 분위기를 부드럽게 풀어나가기 위한 대화 주제들, 주재국의 날씨나 문화, 생활상 등 이야깃거리들도 준비해간다.

하지만 나의 이런 준비와 노력이 무색해지는 건 순간이다. 업무상 사람을 만나면 식사를 같이하는 경우도 많은데, 격식을 갖춘 식탁에서 전식과 본식, 후식을 나름대로 주문하는 것까지는 좋은데 상대방은 언제나 이렇게 물어온다.

"와인은 뭘로 하시겠습니까?"
"혹시 좋아하는 와인이 있으십니까?"

이런 질문들처럼 사람을 곤혹스럽게 하는 것도 없다. 와인이라니, 우리말로 하면 포도주 아닌가. '포도주면 그냥 포도주지'라고 생각하며 건네주는 와인 리스트를 보면, 종류가 얼마나 많고 복잡한지 정신을 차릴 수가 없었다. 가만히 보면 아무것이나 시켜 마시는 게 아니라 요리나 분위기에 어울리는 와인이 따로 있는 것 같았다. 아무것이나 시켰다가 망신을 당할까 봐 그때마다 이렇게 대답했다.

"좋으실 대로……"

이렇게 되면 첫만남의 순간부터 본격적인 이야기는커녕 식사를 시작하기도 전에 이야기의 주도권은 상대방에게 넘어가버린다. 내가 마실 와인까지 상대방이 제 마음대로 시키는 동안 꿀 먹은 벙어리처럼 가만히 앉아 있을 수밖에는 도리가 없다. 게다가 와인을 주문하고 나서는 언제나 와인에 대한 화제로 이야기꽃을 피운다. 몇 년도산 어떤 지방 와인이 어떻고, 새로 어떤 와인을 마셔보았는데 느낌이 어떻더라 등등, 사람들이 저마다 한마디씩 하는 동안 그저 앞에 놓인 와인잔을 홀짝거리며 속으로

'나도 이 맛에 대해 한마디해야 할 텐데……'

하고 초조해했다.

협상 테이블에서 잠시라도 대화에 끼지 못하는 때가 생긴다는 것은 매우 불리한 일이다. 먹고 마시며 웃고 떠드는 동안에도 협상 당사자들은 서로 긴장을 놓지 않기 때문이다. 그런 와중에서 꿔다놓은 보릿자루처럼 앉아 있는 내 모습이라니…….

그렇듯 모임 때마다 나에게 스트레스를 주는 것, 그게 와인이었다.

와인은 세계화의 첫걸음

내가 마지막으로 근무한 곳은 프랑스 파리였다. 유럽의 다른 나라에서도 마찬가지지만 프랑스 사람들은 식사할 때 꼭 와인을 곁들인다. 격식을 갖춘 저녁식사뿐만이 아니라 샐러리맨의 간단한 점심에도 와인은 항상 등장하게 마련이다. 나 역시 와인과 함께하는 식탁에 초대받는 일도 잦았고 와인을 선물받는 일도 잦았지만 그때는 와인에 대해서 잘 몰랐었다.

어느 날 지금은 외교통상본부에 있는 ○○○ 본부장님을 만나뵐 일이 있었다. ○○○ 본부장님은 한때 산자부에서 대외통상업무를 맡아보았기 때문에 자국의 이익을 챙기는 외국의 대표들과 협상 테이블에 마주앉는 일이 많았던 분이다.

이런저런 이야기 끝에 와인 이야기가 등장했다. 와인 때문에 스트레스를 받고 있던 것은 그분도 마찬가지였던 모양이다. 그분이 보여줄 게 있다며 서재에서 책을 한아름 들고 나왔는데, 모두가 와인에 관련된 책들이었다. 그분은 대뜸 이렇게 물었다.

"김 본부장은 와인이 뭐라고 생각합니까?"
"와인이요? 그게…… 포도주죠. 포도로 만든 술."

"와인은 술이 아닙니다. 언어입니다."
"언어요?"
"와인을 모르고서는 국제사회에서 대화에 낄 수가 없지 않습니까? 영어를 모르면 외국인과 대화를 못하는 것처럼요. 와인은 그냥 술이 아니라 국제 공통언어입니다. 외국인을 상대하려면 당연히 배워야지요."

나는 그 얘기에 머리를 한 대 맞은 것 같은 느낌이었다. 그렇다. 와인은 식사를 하면서 같이 마시는 술 이상의 것, 바로 의사소통 수단이었다. 와인을 모르면 대화 자체가 어려운 것이다. 게다가 외국 사람들은 와인을 얼마만큼 아는가로 그 사람의 수준을 평가하기도 한다. 와인을 잘 안다는 것은 술을 안다는 뜻 이외에 문화적이고 풍성한 삶, 즉 삶의 맛과 멋을 안다는 의미였다. 사람의 첫인상이 비즈니스에서 차지하는 역할은 생각보다 훨씬 크다. 그 첫인상을 좌우하는 것이 바로 와인에 대한 이해였던 것이다.

그런데도 영어를 공부하기 위해서는 수십 년을 노력하고 엄청난 돈과 시간을 투자하면서도 왜 와인은 공부할 생각을 못했는지 스스로도 어이가 없었다. 마침 나는 와인의 본고장인 프랑스에서 생활하고 있지 않은가. 하루 종일 어딜 가든 만날 수 있는 와인이라는 존재를, 잘 모른다는 이유로 애써 외면하고 있었던 게 아닌가 싶었다.

세계화, 국제화를 부르짖은 게 언젯적 이야기인가. 지구촌이라는 말이 나온 지도 기억할 수 없을 만큼 오래 전이다. 외국인과의 만남, 비즈니스, 협상도 특정한 직업을 가진 일부 사람들만 하는 것이 아니라 일상적인 일이 되어버렸다.

서로 다른 나라 사람들끼리 공용어인 영어로 의사소통을 하듯 와인은 생면부지의 사람들끼리도 서로의 정서를 교감할 수 있게 해준다.

와인을 안다는 것, 그것은 세계화의 첫걸음인 것이다.

와인과의 열애

'와인을 공부하자!'

팔을 걷어붙이고, 우선 와인에 관련된 책들을 구해서 보기 시작했다. 프랑스 말을 모르니 우선 우리나라에 소개된 책들과 영어로 씌어진 책들을 사서 읽었다. 책 한 권당 최소한 대여섯 번은 반복해서 읽었고, 기회가 있을 때마다 프랑스의 유명한 포도밭과 양조장을 찾아다녔다.

와인의 맛과 향을 제대로 식별하고 양조에 관한 과정을 모두 알기까지는 많은 시간과 노력이 필요하다. 와인맛을 감정하고 와인을 서브하는 전문적인 직업인인 소믈리에도 와인맛을 제대로 알기까지 수년을 공부하고, 또 그보다 많은 시간과 노력을 현장에 쏟아부어야 한다고 했다. 나는 그 전문가들에게 어떻게 하면 와인을 잘 이해할 수 있는지 조언도 구하고 질문도 했다. 그때마다 돌아오는 답은 간단히 한 마디, "많이 마셔보라"는 것이었다. 그리고 와인에 미치지 않으면 와인의 전문가는 결코 될 수 없다는 충고도 잊지 않았다.

그만큼 와인에 대해 공부한다는 것은 만만한 일이 아니었다. 왜냐하면 와인은 포도 재배 지역, 양조장, 포도 품종, 생산년도, 등급 등등에 따라 일일이 구별되는 만큼 그 종류가 하늘의 별만큼이나 많았다. 그 수많은 와인

프랑스의 포도 산지를 가보면 수많은 '샤토'들이 한곳에 모여 있는데, 보르도의 포메롤 지역은 세계적 와인인 페트뤼스가 생산되는 지역이다.

들이 각각의 개성을 가지고 자기만의 독특한 맛과 향을 발산하고 있는 것이었다.

　와인병에 붙은 라벨을 구별하는 것도 쉬운 게 아니었다. 흔히 라벨을 제대로 이해하면 와인을 50퍼센트는 이해하는 것이라고 했다. 왜냐하면 와인 한 병에는 상표와 빈티지(생산년도), 등급, 알코올 함량, 병입지까지 와인에 대한 모든 정보가 들어 있기 때문이다. 하지만 잘 모르고 보면 그저 꼬부랑 글씨의 나열일 뿐이다.

　나는 퇴근 후에 아내와 함께 와인을 파는 상점에 가서 병마다 붙어 있는 라벨을 읽어보는 걸로 시간을 보내곤 했다. 또 못보던 새로운 와인이 눈에 띄면 한 병 사서 아내와 둘이 마시면서 나름대로 품평을 하기도 했다.

　내가 와인에 관심이 있다는 걸 아는 주변 사람들도 많이 도와주었다. 와인에 관련된 좋은 자료와 정보가 있으면 잊지 않고 나에게 전해주었다. 그럼에도 불구하고 와인 공부가 더 어려웠던 건 프랑스어를 모르기 때문이었다. 파리에 주재하면서 프랑스어를 모른다면 일상생활도 무척 힘이 든다는 것은 자명한 일이 아닌가.

프랑스 사람들의 자존심이나 국민성 때문에 영어로는 자료를 구하는 것도 수월하지가 않았고 일상 대화도 껄끄러울 때가 많았다. 그런 마당에 프랑스어를 모른 채 프랑스 땅에서 와인 연구를 하려니 여간 힘든 게 아니었다. 프랑스어부터 배우고 나서 와인을 공부하려니 어느 세월에 그걸 하나 싶고, 그렇다고 해서 포기할 수는 없었다.

그래서 와인 공부는 현장에서 보고 체험하는 수밖에는 없다는 생각에 프랑스에서 유명하다는 포도원과 마을을 찾아다니기 시작했다.

현장에 가서 포도밭 일부터 시작했다. 포도밭을 일구고 포도를 경작하는 것에서부터 포도를 져나르는 일, 공장에서 포도를 으깨는 일, 발효 과정 등등 와인을 만드는 직원들과 함께 몸으로 때우면서 익히기 시작했다.

프랑스어를 못해도 와인을 만드는 제조과정을 직접 눈으로 보고 내 손으로 해보는데 이해 못할 것이 없었다.

주말이나 공휴일, 휴가 때에는 차를 몰고 포도밭과 와인공장을 찾아다녔다. 700~800킬로미터 떨어진 곳을 차를 몰고 왔다갔다하는 일은 힘에 부쳤다. 이전에 우리 부부는 주말이면 보통 골프를 즐기곤 했지만, 와인을 알고부터는 좋아하던 골프도 다 작파하였다.

보르도와 부르고뉴, 론 강 계곡, 코냑, 샹파뉴 등 프랑스 와인 산지를 구석구석 답사하며, 그 과정에서 60분짜리 비디오테이프 10여 개와 800여 장에 달하는 현장 사진도 찍었다. 하지만 테이프나 사진보다 더 중요한 것이 직접 포도를 재배하고 수확하고 와인을 만들어본 나의 경험임은 두말할 나위가 없다. 아마 프랑스어를 잘 알았다면 앉아서 책을 통해 쉽게 와인을 익히려 했지 현장 체험을 게을리 했을지도 모른다. 프랑스어를 모르는 것이 차라리 전화위복이 되었다는 생각이 든다.

휴식시간을 와인에 투자하고도 피곤한 줄을 몰랐다. 그건 와인을 공부하면서 내 스스로가 와인에 빠져들었기 때문이었다. 처음에는 필요해서 공부를 하기 시작했지만 점점 와인의 묘한 매력에 빠져들어갔다. 그건 젊은 이가 주중에는 열심히 일하고 주말에는 애인을 만나 데이트하는 것과 같았다. 주말에 멀리까지 힘들게 가서 애인을 만나고 오는 일이 아무리 피곤해도 어느 누가 그걸 마다하겠는가.

  와인의 비밀을 하나하나 알아갈 때마다, 와인과 조금 더 가까워질 때마다 가슴이 뿌듯해지고 생활에 활력이 생겼다. 억지로 하는 공부였으면 그렇게까지는 열심히 할 수 없었을 것이라는 생각이 든다. 아내도 마찬가지다. 나를 따라 한두 번 포도원에 가보고 와인맛을 보더니 나중에는 더 열심이었다.

'아는 만큼 보인다'는 말처럼 와인도
아는 만큼 느낄 수 있다

  셀 수 없을 만큼 다양한 맛과 향 그리고 빛깔. 오랜 시간에 걸쳐 다양하게 변화하는 기묘한 느낌은 와인을 제대로 아는 사람만이 느낄 수 있다. 나는 그렇게 와인과의 열애에 빠져들어갔다.

샤블리 지방에 위치한 알베르 비쇼 사의 카브.

와인 디플로마

와인은 알면 알수록 더 신비롭게 느껴지는 술이다. 책으로 보고, 기회가 닿는 대로 맛을 보는 것만으로는 와인을 알고 싶은 욕망을 채울 수가 없었다.
'와인을 체계적으로 배울 수 있는 정규과정이 없을까'.
생각 끝에 프랑스의 교민 신문인 ≪오니바(ONIVA)≫에 도움을 청했다. 마침 ≪오니바≫에는 와인에 대해 잘 아는 편집위원이 있어 그에게서 메종 알베르 비쇼를 소개받았다. '메종 알베르 비쇼'는 부르고뉴에 있는 와인 생산으로 유명한 가문의 이름이다.
처음에 그들에게 문의한 것은 프랑스에 와인을 배울 만한 학교가 있는가였다. 이전에도 와인 산지들을 찾아다니며 열심히 와인을 배우기는 했으나 전문적인 학교에서 체계를 갖춘 와인 교육을 받고 싶었다. 일정 과정을 끝내면 수료증을 줄 테니 그걸 받고 싶은 욕심도 있었다.
얼마 후에 회신이 왔다. 그 내용을 요약하면 이렇다.
'프랑스에 좋은 와인 학교들이 많이 있기는 하지만, 와인을 알려면 포도밭부터 알아야 하고 제조공정과 시음까지 다 거쳐야 하니 직접 와인을 만드는 회사에 와서 배우는 것이 더 효과적일 것이다. 와인을 체계적으로 배우고 싶다면 우리가 교육 프로그램을 만들겠으니 여기 와서 배우라'.

와인 공부는 포도밭에서부터 시작된다. 알베르 비쇼 사의 와인 전문가인 테리스 씨(맨 왼쪽)는 열정이 대단한 사람으로, 와인 재배에 관한 구체적인 설명까지 들을 수 있었다.

    나는 그들의 제안에 적잖이 놀랐다. 한 사람을 위해 교육 프로그램을 만들고, 또 그 프로그램을 진행시키면서 가르치고 안내해줄 사람을 따로 정하는 일이 여간 신경 쓰이는 일이 아니었을 텐데도 선뜻 그런 제안을 한 것이었다.

    물론 국제 교역 업무를 맡고 있는 내 직업 — 나는 그때 유럽, 중동, 아프리카를 총괄하는 본부장이었다 — 도 어느 정도 작용했을 것이다. 향후 와인 시장으로서의 잠재력을 갖고 있는 한국 시장에 대한 마케팅의 의미로 그들은 나에게 그런 적극적인 제안을 한 거라고 생각한다. 하지만 어쨌든 나는 개인 자격으로 그곳을 방문하는 것일 뿐 그들에게 어떤 약속을 한 것도 아니었는데 예상밖의 호의였다.

    그들이 나를 처음 데리고 간 곳은 포도밭이었다. 와인은 포도를 가지고 만드는 것이니 포도에 대해 알아야 한다고 주지시킨 것은 물론이었다. 책상물림이 아닌 와인의 본질에 대해 알게 하려는 의도가 보였다.

그 포도밭에서부터 와인 만들기 실습이 시작되었다. 밭에서 포도를 져나르는 일부터 시작해서, 양조장에서는 높이가 4미터나 되는 큰 통에 사다리를 타고 올라가 포도를 휘저었다. 와인을 만드는 모든 과정을 하나도 빼먹고 싶지 않았다. 나이도 있고 지위도 있는 사람이 작업복에 장화를 신고 양조장에서 일하는 모습에 그들은 무척 놀라는 듯했다.

와인 공부의 마지막 과정은 시음이었다. 포도 품종별, 산지별, 생산년도별로 수없이 나뉘는 서로 다른 와인들의 맛을 보고 향을 맡고 빛깔을 보면서 차이를 느껴보는 것이다. 와인 시음에는 그 회사의 외놀로그(양조기술자)가 옆에서 도와주었다.

마침내 시음해볼 수많은 각종 와인들이 앞에 놓여졌을 때, 옆에 서 있던 젊은 외놀로그가 소리쳤다.

"브라보!"

내가 맛볼 와인 중 하나가 그랑 크뤼, 즉 최고급 밭에서 나는 포도로 만든 최고급 와인이었던 것이다. 그 젊은 외놀로그가 말하기를 자신이 외놀로그 자격증을 위해 공부한 5년, 그리고 이 회사에 취직해 일한 3년을 다 합쳐서도 한번도 마셔본 적이 없는 고급 와인이라는 것이었다. 값이 만만치 않은 그 귀한 와인을 회사측은 나를 위해 과감히 병마개를 딴 것이었다.

외놀로그의 말을 듣고 나니 잔을 드는 손이 왠지 떨렸다. 붉은 액체가 혀 끝에 닿는 순간, 다른 말이 필요없었다. 브라보!

드디어 마지막 날이 왔다. 아침 일찍 눈을 떴다. '이제 오늘이면 여기도 끝인데'. 서운하기도 하고 스스로 대견하기도 한 마음으로 새벽같이 포도밭으로 나갔다.

드넓게 펼쳐진 포도밭. 하지만 밭고랑 하나 사이로 생산되는 와인들은 모두 달랐다. 한쪽은 로마네 콩티, 그 옆으로는 라 로마네, 또 그 옆으로는

1800년부터 알베르 비쇼 사의 회사 경영에 대한 전반적인 기록을 해놓은 일기장.

그란휘, 생비방 하는 식이었다. 같은 지역이니 기후도 같고 토질이 같을 텐데도 그렇게 품질이 다른 와인이 만들어진다는 것이 신기해 재배 방법에 차이가 있는지, 또 무엇이 다른지 꼼꼼히 둘러보았다.

그날 저녁, 석별의 정도 나누고 와인을 곁들인 테이블 매너를 배우는 자리를 겸한 저녁 만찬이 있었다. 그동안 나를 많이 도와주었던 자말이라는 해외 마케팅 담당 이사가 함께했다. 자말은 아주 유쾌하고 재미있는 사람으로 그 즈음에는 나하고도 무척 친해졌다.

만찬은 자정을 넘어 1시까지 계속 이어졌다.

"오늘 새벽에는 어디를 갔다왔습니까?"

이런저런 이야기 끝에 자말이 물었다.

나는 아침에 포도밭에 다녀온 이야기를 했다. 이쪽은 로마네 콩티, 이쪽은 라 로마네 하며 밭고랑 하나씩을 사이에 둔 여섯 개 포도밭에 대해 한참을 이야기하고 있는데, 이 친구의 눈이 휘둥그레졌다.

알베르 비쇼 사에서 준비한 교육 과정을 마치고, 일련의 테스트 과정을 거친 후 받은 최고의 호칭인 Grand Ambassadeur Diploma.

"아니, 그걸 다 외우셨습니까?"
"아니, 외운 게 아니고 관심이 있으니까 외워진 거죠."
자말은 무릎을 쳤다.
"당신은 정말로 와인을 공부할 자격이 있습니다."
메종 알베르 비쇼에서 와인 교육이 끝나자마자 보졸레 지방으로 향했다. 좀 멀긴 했으나 한국에서 보졸레 누보가 그렇듯 유명하니 보졸레 지방도 꼭 들러보고 싶었다.

보졸레 누보를 만드는 과정을 둘러보고 파리로 돌아오는 길에는 비가 억수같이 왔다. 비는 앞이 보이지 않게 차창을 두들겨대고, 바퀴만 봐도 숨이 막히는 화물차들이 옆 차선에서 물을 튀기며 질주를 하는데, 그 정신없는 와중에 메종 알베르 비쇼에서 전화가 걸려왔다. 파리로 돌아가기 전에 회사에 들르라는 것이었다. 무슨 일일까 생각하며 비를 뚫고 다시 메종 알베르 비쇼를 찾아갔을 때 사장이 나에게 준 것, 그것은 바로 와인 디플로마였다.

이 회사는 원래 정규 교육 커리큘럼을 운영하는 곳이 아니었다. 따라서 누구를 교육하고 디플로마를 주거나 하는 일이 일상화되어 있는 곳도 아니었다. 자말은 300년 알베르 비쇼 가문 역사에서 23년 전에 영국 대사에게 디플로마를 준 일이 한 번 있었고, 내게 준 게 두번째라고 귀띔을 해주면서 축하를 아끼지 않았다. 그러니까 영국대사가 1호, 내가 2호가 된 셈이다.

디플로마를 받아든 나는 감회가 새로워졌다. 누구보다 와인공부를 열심히 했다고 자부하고 있었지만 프랑스에서 외국인인 내가 와인의 전문가라는 인정을 받고 보니 자랑스러움과 흥분이 뒤섞여 가슴이 벅차왔다.

그러나 그 흥분은 곧 새로운 욕망으로 바뀌었다.

'샴페인과 코냑에 대해서도 알고 싶다. 어차피 같은 포도로 만드는 술이 아닌가!'

샴페인 디플로마

뵈브 클리코 퐁샤르뎅. 이는 샹파뉴 지방의 유명한 샴페인 회사이다.
그 회사로 샴페인에 대해 공부하고 싶다는 편지를 보내고 얼마 후, 뵈브 클리코 사의 마케팅 담당 이사라는 사람이 직접 사무실을 찾아왔다. 그는 어떤 내용의 교육을 받기 원하는지 말해주면 그에 맞는 교육과정을 만들어 보겠다고 제의했다. 예상치 못한 방문을 받고 조금 어리둥절해졌다. 부탁을 하는 것은 내쪽인데 의외의 친절이었던 것이다.

알고 보니 아누 브라세라는 그 마케팅 이사는 부인이 한국 사람이었다. 예전에 한국에서 4년간 근무한 적이 있었는데, 그때 만나 결혼했다고 한다. 그는 우리나라에 대해 잘 알고 있었다. 술 회사에 다니는 사람이니 한국의 음주 문화를 보면서도 많은 생각을 했을 것이다. 그래서 와인을 배우고 싶다는 한국사람에 대해 큰 관심과 호의를 가졌던 것이다.

그렇게 뵈브 클리코 사 역시 한 사람을 위한 교육 자료를 만들었고, 그에 따른 교육 과정은 커다란 회의실에 혼자 앉아 강의를 듣는, 말 그대로 개인교습이었다. 그렇게 하지 않았다면 아직도 그 복잡한 샴페인 제조과정을 다 이해하지 못했을 것이다.

샴페인은 포도를 압착해서 포도즙으로 분류하고 발효하는 과정까지는 와

총 길이가 24킬로미터나 되는 수백 년의 역사를 지닌 지하 백악광의 카브에 저장된 샴페인의 모습. 이곳에서 열정을 불살랐던 클리코 여사의 집념이 없었던들 오늘날 이처럼 맑고 깨끗한 샴페인을 마실 수 있었을까.

인과 같다. 그런 다음에 여러 가지 와인을 섞는 블렌딩 과정을 거쳐 숙성을 시키는데, 이 과정에서 탄산가스가 생성된다.

    샴페인에서 가장 중요한 과정이 블렌딩이라고 할 수 있기 때문에 뵈브 클리코 사가 나에게 요구한 시험도 바로 이 블렌딩과 시음이었다. 내 앞에 수십 가지의 와인이 담긴 병을 갖다 놓고, 전문가가 직접 이것저것을 섞어서 여러 가지 다양한 조합들을 만들어준다. 그런 다음 이렇게 만들어진 몇 잔의 와인을 받아 마시고 나서 무엇이 답인지를 알아내는 것이다. 말하자면 어떤 것이 찾아내고자 했던 그 맛인지를 알아맞히는 것이다. 등줄기에 땀이 흐르지 않을 수 없었다.

    나는 온 신경을 집중해서 시음을 했지만 솔직히 뭐가 뭔지 잘 알 수가 없

뵈브 클리코 사에서 받은 샴페인 디플로마.

었다. 향이 조금씩 다른 것 같기도 한데 정확히는 모르겠고, 맛도 약간씩 차이가 느껴지기는 했으나 확신이 서질 않았다. 이러한 내 느낌을 솔직히 얘기했다. 그리고 나서 테스트에 통과하지 못한 게 아닌가 하고 지레 실망했지만 그들은 의외로 박수를 쳐주었다.

시음과 블렌딩은 그것을 업으로 삼고 있는 최고의 전문가도 어려워하는 과정이라서, 와인 시음 세계대회에서 1등을 차지한 전문가도 눈을 가리고 하는 시음 테스트에서는 3분의 1도 맞추지 못한다고 한다. 한창 배우는 단계인 내가 그 정도의 실력을 가지고 있는 게 훌륭하다며 그들은 만족을 표시했다.

블렌딩을 한 와인은 2차 발효를 위해 숙성단계로 들어간다. 샴페인은 최소한 3년 이상을 숙성시켜야 판매가 가능하기 때문에 그 저장량이 많다. 그러니 저장 장소인 카브의 규모도 클 수밖에 없다.

뵈브 클리코 사 카브에 들어섰을 때 나는 온몸에 소름이 돋을 정도로 서늘한 느낌을 받았다. 섭씨 12도 정도인 카브의 기온 때문만은 아니었다. 길이가 24킬로미터에 달한다는 지하동굴 안에 셀 수 없이 많은 샴페인 병들이 일렬로 누워 잠을 자고 있었다.

> 수십 년이 넘는 세월을 그 안에서 바깥 세상에 나갈 날만을 기다리고 있는 병들 위에는 먼지가 더께처럼 쌓여 있었다. 어둠 침침한 동굴 안에 샴페인 병들이 세월의 먼지를 뒤집어쓴 채 조용히 엎드려 있는 모습. 언젠가는 축제의 거품으로 사라질 운명을 위해 이렇듯 기다리고 있는 모습에 어쩐지 마음이 숙연해졌다.

샴페인 창고인 카브는 백악광에 만든다. 백악광이라는 건 분필을 만드는 원료로도 쓰이는 암석의 이름인데, 뵈브 클리코 사의 카브는 200년 전에 만들어진 것이라고 한다. 지금처럼 장비가 발달한 것도 아니고 기술이 있지도 않았을 200년 전에 이런 대규모의 공사를 했다는 것에 놀라지 않을 수 없었다.

포도 수확에서부터 마지막에 병뚜껑에 철사줄을 묶기까지 샴페인을 만드는 과정에 들어가는 시간과 정성과 노력은 상상하는 것 이상이다.

사람들은 쉽게 샴페인을 터뜨린다. 거품을 더 많이 솟아오르게 하기 위해 마구 흔들기도 하고, 솟아오르는 거품을 사람들의 머리 위에 뿌리기도 한다. 하지만 샴페인 만드는 과정을 한번이라도 보고 그 복잡한 과정을 이해한다면 그렇게 하기가 쉽지만은 않을 것이다.

교육을 마치고 돌아온 얼마 후, 뵈브 클리코 사는 나에게 사장과 카브 책임자, 양조 기술자의 사인이 담긴 디플로마를 보내왔다. 샴페인의 전과정을 교육받고 체험해보았다는 증명이었다.

코냑 디플로마

우리나라에서도 헤네시 코냑 하면 모르는 사람이 없을 것이다. 그만큼 헤네시는 코냑의 생산에서 역사와 전통을 자랑한다. 품질이 뒷받침되는 것은 물론이다.

헤네시 사의 환대는 대단했다. 나와 아내가 코냑 지방까지 갈 수 있는 테제베 1등석 티켓을 보낸 것부터 시작해서 우리에게 제공해준 숙소를 둘러보니 어떤 1급 호텔도 따라올 수 없을 만큼 화려한 곳이었다. 그곳은 원래 헤네시 사의 창립자인 리처드 헤네시가 살았던 집인데 지금은 게스트 하우스로 쓰고 있다고 했다. 예전에 프랑스 왕이 아들과 함께 와서 쉬기도 하고 사냥도 했다고 할 만큼 정원이 아름다운 집이었다.

헤네시 사도 맨 처음 우리를 포도밭으로 안내했다. 나무에서 나는 과일일 뿐인 포도를 가지고 그렇듯 미묘한 맛을 만들어내다니. 코냑 역시 '세월'이라고 말해도 좋을 만큼의 시간과 장인정신이 아니고는 할 수 없는 사람들의 정성, 그리고 자연이 만들어낸 합작품이다.

헤네시 사는 처음부터 필기 테스트, 실기 테스트를 거쳐서 합격을 하면 자격증을 주겠다는 약속을 했다. 그러니 더더욱 교육과정 중에서 어느것 한 가지도 놓칠 수 없었다. 하루의 일과가 끝나면 숙소에서 코냑의 역사와

헤네시 사의 카브에서 맛본 1873년산 코냑. 특별한 경우에만 손님이 직접 오크통에서 코냑을 길어 맛보게 한다.

주조 과정에 대해 암기했다. 위니 블랑, 폴 블랑시, 콜롬바 등등 발음도 잘 안되는 포도 품종을 외우고, 헤네시 사의 주요 생산 품목을 외우다보니 예전에 입시공부하던 때가 생각났다.

그곳에 머물면서 1873년도산 코냑을 맛본 일은 영원히 잊을 수 없을 것이다. '1873'이라고 써놓은 커다란 오크통에서 직접 코냑을 길어서 맛을 보았다. 맛도 맛이었지만 손가락에 묻은 코냑의 향이 하루종일 가시지 않았다. 농담처럼 30년은 젊어진 것 같다고 말했지만 정말 그런 기분이었다.

코냑 역시 시음과정을 거쳤다. 수준급의 고급 코냑으로 알려진 헤네시 XO는 창립자인 리처드가 친한 친구들과 가족들을 위해 오래된 와인 100여 가지를 놓고 블렌딩해서 만든 것이라고 한다. 지구상에서 아직도 과학 기술이 미치지 못하는 게 있다면 이 블렌딩 기술일 거라고 헤네시 사측은 자랑스럽게 말했다. 아무리 기계가 정교하다 한들 정통 코냑의 맛이 나올 때까지 이것저것 섞는 블렌딩 기술은 인간의 혀를 따라올 수 없다는 것이다.

헤네시 사에서 받은 코냑 디플로마.

이것보다 더 고급인 것이 '리처드 헤네시'이다. 이것은 리처드가 자신과 가족을 위해 만들었다고 한다. 이 코냑은 값도 엄청나다.

VS, VSOP, XO, 패러다이스, 리처드 헤네시. 이것이 헤네시 사에서 만드는 코냑들이다. 우리에게 많이 알려진 나폴레옹 코냑은 과거에는 헤네시 사에서도 만들었지만 지금은 생산되지 않는다. 나폴레옹이 프랑스에서는 영웅이지만 다른 나라의 입장에서 보면 침략자이기 때문에 1990년대에 생산을 중단하였다고 한다. 한 사람의 시음을 위해 그들은 자신들의 회사에서 생산되는 다섯 종류의 코냑 병을 모두 땄다. 값으로 따질 수 없는 소중한 체험이었다.

시험 당일 필기시험에는 총 18개의 문제가 나왔다. 사지선다형도 있고 서술형 문제도 있었다. 얼마나 긴장한 채 시험을 보았는지 아직도 그 18개의 문제가 눈에 선하다. 나는 진땀을 흘리며 시험을 치르고, 시험 감독관은 팔짱을 끼고 옆에서 나를 지켜보았다. 나이 먹은 사람이 어린 학생처럼 긴장해 시험을 치르고 있는 모습이 어떻게 느껴졌는지 몰라도 감독관은 연신 싱글싱글 웃고 있었다.

시험문제들 중에는 코냑을 만드는 포도 품종, 언제부터, 왜 그 품종을 사용하게 되었는가 등등 코냑의 역사에 대해서도 꼼꼼히 외워야 답을 할 수 있는 문제들이 많았다. 하지만 잠을 잊어가며 공부한 보람이 있어서 어렵지 않게 답을 할 수 있었다. 운도 좀 따랐다. 전에 회사를 둘러볼 때 천장 근처에 새겨져 있는 헤네시 가문의 문장을 유심히 본 적이 있다. 헤네시 가문의 문장은 왼손으로 도끼를 움켜쥐고 높이 쳐들고 있는 모습이다. 그 밑에 작은 글씨로 '1765'라는 글씨를 새겨놓은 게 보였다. 이것이 헤네시 사의 창립년도였는데, 나는 무심결에 속으로 '765, 거꾸로 하면 567이네'라고 되뇌었다. 그런데 시험 문제에 헤네시 사의 창립년도를 쓰는 문제가 나온 것이다. 회사를 둘러보며 그저 스쳐 지나갔으면 맞추지 못할 문제였다.

테스트를 마치고 아쉬운 이별을 했다. 코냑 공부도 공부지만 그곳에서 받았던 따뜻한 환대를 오래도록 잊지 못할 것 같았다.

다시 일상으로 돌아와서 내 사무실로 출근한 며칠 후 헤네시 사로부터 반가운 선물이 왔다. 코냑에 관한 각종 자료와 참고서적, 퍼펙트하다는 평가를 받은 내 시험지, 그리고 내 이름 석자가 박힌 코냑 자격증이 상자에 담겨 빛나고 있었다.

Hennessy

헤네시 사는 2000년, 새 밀레니엄을 기념하기 위해 '타임리스'라는 코냑을 2,000병 한정수량으로 만들었다. '타임리스'는 1900년부터 2000까지 매 10년마다 가장 좋은 해의 포도주를 하나씩 골라 10개를 블렌딩한 것이다. 그 희소성 때문에 현지에서도 가격이 3,500달러 이상일 만큼 비싼 코냑이다.

와인을 알면 보는 눈이 달라진다

한창 와인을 공부하고 이제는 조금 자신이 붙었다고 생각할 즈음, 이제까지 와인을 몰라서 당했던 설움(?)을 한꺼번에 갚을 기회가 왔다.

프랑스에서 한국과 교역이 가장 깊은 회사는 고속철도 테제베와 항공회사인 에어버스 사이다. 에어버스 사는 파리에서 800킬로미터 남쪽에 있는 툴루즈라는 곳에 있는데, 우리나라의 한 항공회사가 이 회사에서 항공기를 수십 대 수입하였다. 그래서 회사 현황도 알아보고 우리나라의 항공기 부품 수출 가능성도 알아보기 위해 에어버스 사를 찾았다.

회사의 부사장과 홍보 담당 이사가 친절한 회사 브리핑을 해주었고, 이어 오찬 접대까지 받았다. 오찬장으로 들어서니 각종 주류가 전시되어 있는 것이 보였다. 와인, 샴페인, 코냑, 위스키……. 술이란 술은 다 모아둔 것 같았다. 나는 진열되어 있는 술병들을 쭉 훑어보고는 자신감이 생겼다. 예전 같으면 술병들만 봐도 뭐가 뭔지 몰라 주눅부터 들었을 것이다. 술을 고르라고 하면 또 "좋으실 대로……" 하고는 입을 다물었을 테지만 그때는 사정이 달랐다.

당당하게 식탁에 앉으니 역시나.

"좋아하는 와인 있으십니까?"

미리 준비된 점심 메뉴를 찬찬히 보면서 전식, 본식, 후식의 메뉴에 맞는 최고급 술을 주문하였다. 전식에는 '모에샹동'이라는 최고급 샴페인을 주문하고, 본식에는 소의 안심 요리를 시킨 그분에게는 부르고뉴 지역의 '라 로마네(La Romanée)'라는 레드와인를 권해드리고, 도미 요리를 주문한 나는 프랑스 최고의 화이트와인인 '슈발리에 몽라셰(Chevalier-Montrachet)'를 주문했다. 후식에는 헤네시 코냑 사의 '패러다이스'를 주문했다. 주문한 것들 중 '슈발리에 몽라셰'는 2000년 서울에서 개최된 아셈 회의 때 프랑스 시라크 대통령이 김대중 대통령에게 선물할 만큼 세계 최고의 화이트와인이었다.

식사를 하며 자연스럽게 와인 얘기가 화제가 되었고, 나는 그동안 내가 배우고 알고 있었던 각종 와인, 코냑, 샴페인에 대한 얘기를 막힘없이 할 수 있었다. 그들은 동양인인 내가 와인에 대해 자기들보다도 깊이 알고 있는 걸 보고 놀라는 듯했다.

"와인에 대해 어떻게 그리 잘 아십니까?"

나와 같이 출장을 갔던 직원이

"우리 본부장님은 와인, 샴페인, 코냑 자격증이 다 있는 전문가십니다" 하니 그들은 더욱 놀랐다.

프랑스 사람들 중 어느 정도의 수준이 되면 와인에 대해서만은 일가견이 있게 마련이다. 따라서 아무리 좋은 음식을 차려놓아도 와인이 고급이어야 좋은 식사를 했다고 여기기도 한다. 한마디로 와인을 아는 사람에게는 대우가 다른 것이다.

오찬 후에 그들의 태도가 더욱 정중해진 것은 나만의 느낌이었을까? 항공회사 부사장은 오후의 일정을 모두 취소하고 나를 위해 직접 현장 안내를 해주었으며 여러 면으로 융숭하게 대접을 해주었다.

점심때 좋은 와인을 맛보아서일까 아니면 회사측의 특별한 대접에 기분이 취해서였을까, 툴루즈를 떠나올 때 조금은 취한 듯 몸과 마음이 흥겨웠다.

와인의 이름을 기억하라

 와인을 공부한다는 일은 만만한 게 아니다. 하지만 미리부터 겁을 먹고 포기할 필요는 없다. 누군들 처음부터 모든 걸 알고 있었겠는가. 와인병이 보이면 지레 고개를 돌리지 말고 자꾸 들여다보고 라벨을 읽어보고 와인 이름을 눈과 입에 익혀놓기 바란다. 몇 가지 와인 이름만 외우고 있어도 유용하게 쓸 일이 있기 때문이다.

 다음은 파리에 주재할 때 어느 외교관으로부터 들은 이야기의 한 토막.

 공관의 어느 직원이 파리 근무를 끝내고 미국의 워싱턴으로 전근 발령을 받아 가게 되었다. 워싱턴 근무 얼마 후, 주재 지역에서 한국의 날 행사가 있었는데 마침 와인을 무엇으로 할까가 과제였다. 그 직원은 행사를 주관하는 담당자였기 때문에 무척 고민을 했다. 다른 사람들은 이 직원의 전 근무지가 프랑스 파리였기 때문에 당연히 와인에 대해 잘 알겠거니 믿고 있었지만 사실 이 직원은 와인에 대해서는 문외한이나 다름없었다. 와인은 알고 고르는 것과 잘 모르면서 무턱대고 고르는 것과는 차이가 크다. 손님들 중에 와인을 아는 사람이 있을 텐데, 잘못 골랐다가는 손님을 초대해놓고 그런 실례가 없을 터였다.

 한참 고민하다가 문득 '포이악(Pauillac)'이라는 와인 브랜드가 떠올랐다. 파리에 근무할 때 우연히 와인에 관한 얘기를 주고받은 기억이 있었는데 와인에 대해 잘 모르니 다른 건 다 잊었지만 오로지 포이악이라는 이름만은 어쩐지 기억에 남았다. 사람들이 화제로 삼아 얘기하던 와인이니 좋은 것이겠지 싶어서 내용은 어떻든 포이악으로 하자고 공관장에게 건의를 했다. 이렇게 해서 그날 행사에는 와인으로 포이악이 등장했다.

사실 포이악 지방은 샤토에 따라 수많은 종류의 와인이 있다. 그렇지만 워낙 포이악 지방은 품질이 수준급인 와인을 생산하기로 유명하기 때문에 그중에 어느것을 선택했든 무리는 없었을 것이다.

행사 내내 이 사람은 사람들이 들고 있는 와인잔에만 눈이 갔다. 와인을 마시는 사람들의 표정을 살피고 혹시 와인에 대해 품평하는 소리들이 없는지 귀를 쫑긋 세웠다. 그렇게 행사가 끝날 때까지 포이악을 고른 직원은 와인의 반응만 살피고 있었다.

"오늘 와인이 좋았습니다."
"좋은 와인을 내주셔서 저녁 맛있게 먹고 갑니다."

고맙게도 많은 사람들이 공관장에게 이런 인사를 하며 돌아갔다. 공관장은 만족스러워했고, 이 직원은 행사를 무사히 끝냈다는 안도감에 가슴을 쓸어내렸다.

이처럼 와인 이름 하나만 제대로 알아도 어디 가서 체면은 세울 수 있다. 어딜 가든 와인병이 눈에 띄면 병에 붙어 있는 라벨을 꼼꼼히 들여다보는 습관을 들이자. 어쩌면 그 라벨이 당신을 곤경에서 구해줄지도 모르므로.

알아주는 사람 앞에서 와인의 가치는 빛난다

　프랑스 사람들은 와인이 얼마나 고급이냐에 따라 그 식탁의 질을 평가한다. 아무리 화려한 식탁을 차렸다 하더라도 와인이 형편없으면 그 식탁은 형편없는 식탁이 되어버린다. 그래서 와인에 대해 잘 모르면 귀한 손님을 초대해놓고 실수할 수도 있다. 초대받아 갔을 때도 마찬가지이다.
　파리에 있을 때 OECD 대사인 ○○○ 대사 관저에 초대를 받은 일이 있었다. 한창 와인 공부에 열을 올리고 있을 때였기에 당연히 준비된 와인에 먼저 눈이 갔다. 준비된 레드와인은 그 유명한 '샤토 마고'였다.
　우리나라 사람들이 보통 날씨나 건강에 대한 이야기를 인사로 나누는 것처럼 프랑스 사람들은 와인에 대한 이야기로 분위기를 풀어나간다. 따라서 프랑스의 식탁에서는 언제나 와인이 화젯거리가 된다. 그런데 그 자리에서는 아무도 와인에 대해 언급하는 사람이 없었다. 나는 애써 준비한 사람의 성의를 생각해서 한마디하지 않을 수 없었다.
　"오늘 참 좋은 와인을 준비하셨습니다."
그러자 식사를 하던 사람들이 모두 와인을 쳐다봤다. 한 사람이
　"이게 좋은 겁니까?"
하고 물었다.

"그럼요. 마고는 아주 고급 레드와인이자, 프랑스 대표 와인입니다."

맞는 말이다. 마고는 프랑스 대표 와인이라고 해도 손색이 없다. 제2차세계대전 이후에 독일 아데나워 수상이 프랑스에 와서 침략에 대한 사죄의 연설을 했다. 그런데 그 연설장소가 바로 마고 지방이었다. 프랑스 사람들이 가장 자랑스럽게 생각하는 것, 자신들의 혼이 들어 있다고 생각하는 것이 바로 와인이기 때문에 대표 와인 산지인 마고 지방을 택한 것이다. '프랑스의 혼'이라고 여기는 레드와인인 마고. 이런 설명을 듣자 모두들 와인병을 돌려보며 한마디씩 했다.

저녁 만찬에 준비된 화이트와인은 알자스 와인이었다. 알자스 화이트와인 역시 품질이 좋기로 유명하다. 게다가 알자스 와인은 다른 지방 것보다 병이 약간 길쭉하게 생겨서, 멀리서 병만 보고도 알 수 있다.

"화이트와인은 알자스산이군요. 알자스 화이트와인도 아주 고급입니다."

사람들은 또 유심히 화이트와인을 살폈다.

만찬은 유쾌하게 끝나고 사람들은 돌아가면서 고급와인을 내줘서 고맙다는 인사를 빠뜨리지 않았다. 대접을 받은 입장에서 보면 주인이 자신들을 생각해 최고급 대우를 해주었으니 기분 좋은 일이다.

주최측 역시 기분이 좋아보였다. 사실 준비하는 입장에서는 나름대로 생각해서 고급와인을 준비했는데, 그게 좋은 건지 나쁜 건지 아무도 알아주지 않으면 섭섭하고 김빠지는 일이 아닐 수 없다.

그날은 초대한 사람, 초대받은 사람 모두 즐거운 만찬이었다.

와인을 모르는 사람들은 와인이 아무리 좋아도 다른 것과 차이를 느끼지 못하는 법이다. 알아주는 사람 앞에서만이 와인은 제 가치를 드러낸다. 사람도 자신을 알아주는 사람 앞에서는 최선을 다하는 법이지 않는가.

2부 와인 ABC

와인편

와인이란

와인은 음료, 즉 '공부'할 대상이라기보다는 '즐기는' 것이라고 할 수 있다. 그러나 즐기는 것도 기본은 알아야 즐길 수 있지 않을까. 와인 공부에도 기초는 있다. 또 와인을 알려다보면 자연히 샴페인과 코냑도 접하게 된다. 샴페인, 코냑 역시 포도로 만드는 술이기 때문이다.

와인, 샴페인, 코냑. 간단한 역사에서부터 산지와 제조과정들을 이해하면 그것들이 훨씬 더 가깝게 다가오는 것을 알 수 있다. 그 다음에는 왕도가 없다. 많이 마셔보고 느껴보는 길뿐이다.

와인이란 신선한 포도즙을 발효시키고 숙성시켜 만든 알코올 음료다. 와인처럼 장구한 역사를 가지고 있으면서, 또 그 오랜 역사 동안 그토록 많은 사람들의 사랑과 찬사를 받아온 술도 없을 것이다.

파스퇴르는 와인을 '모유 다음으로 완벽한 식품'이라고 표현했다. 와인에는 천연 알코올과, 글리세린, 주석산, 구연산, 젖산 및 폴리페놀에 이르기까지 무려 1,000여 개의 다양한 성분이 함유되어 있다. 와인이 가진 건강상의 효능은 이미 여러 곳에서 입증된 바가 있다.

서구에서는 와인을 '물처럼' 또는 '물 대신' 마시는데, 이것은 와인이 물보다 더 믿을 만하다고 여기기 때문이다.

와인의 수분은 순수한 포도즙이다. 포도가 자라면서 나무 뿌리에서 빨아올린 지하수로 즙이 생겨나기 때문에 와인을 마시는 건 어떤 물보다 깨끗한 청정 지하수를 원료로 한 음료를 마시는 것과 마찬가지이다.

와인은 언제, 어디서, 누가 만들었는지 분명하게 알 수 없을 만큼 인류 역사와 맥을 같이한다. 학자들의 연구에 따르면 포도는 인류가 농경생활을 시작하면서부터 경작했으며, 와인은 기원전 9000년경에 흑해 주변의 코카서스(Caucasus) 지방 사람들이 처음으로 만들었다고 추정한다.

이후 포도 경작이 중앙 아시아 지역과 중동 지역으로 확산되면서 이집트 사람들이 기원전 2500년경부터 와인을 생산했는데 이들에 의해 와인 생산 기술이 크게 향상되었다. 이후 로마 문명이 발달하면서 와인은 유럽 전역으로 퍼져나갔으며, 중세시대에는 기독교의 확산과 더불어 포도 경작과 와인 생산이 발전했다. 이 시기에는 수도원을 중심으로 와인이 생산되었다.

18세기 프랑스혁명 이후 프랑스의 포도 재배와 와인 생산은 자유화되었고, 보르도와 부르고뉴 등 우수한 와인을 생산하는 지역들이 세계적으로 널리 알려지게 되었다. 필록세라(Phylloxéra) 병충해로 인한 위기도 있었지만 프랑스는 와인과 관계된 각종 법령, 제도들을 정비하면서 오늘날 명품 와인의 산지로 자리잡았다.

같은 시기에 미국, 호주, 칠레 등의 후발 와인 생산국에서도 와인 산업에 박차를 가하면서 오늘날까지 대중적인 와인 생산에 주력하고 있다.

와인은 만드는 방법, 지역, 포도 품종에 따라 종류가 매우 다양하다. 이 다양성이 바로 와인의 특성 중 하나이다. 사람들이 저마다 나름의 개성이 있듯이 와인도 종류에 따라 자기 나름의 고유한 풍미를 발산하기 때문에 와인을 흔히 사람에 비유하곤 한다.

와인의 분류

 와인을 나누는 방법은 여러 가지가 있지만 가장 기본적으로는 색으로 분류한다. 여기에는 레드와인과 화이트와인 그리고 로제와인 등 세 가지가 있다. 이는 말 그대로 붉은색, 흰색, 분홍색 와인이다. 이 세 가지는 와인의 원료인 포도 품종에서부터 만드는 방법까지 서로 다르다. 따라서 맛도 다르며 각각 마시는 때도 다르다.

 레드와인은 포도의 색깔이 와인에 그대로 드러나는 와인이다. 짙은 보라색일수도 있고 검붉은 색일 수도 있는 포도의 색소는 껍질에 들어 있는데, 이 색소까지 추출해서 만든 술이 바로 레드와인이다. 껍질에는 색소뿐 아니라 탄닌 성분이 많이 함유되어 떫은 맛이 많이 나는 것도 레드와인의 특징이다.

 그렇다면 화이트와인은 어떨까? 화이트와인을 만드는 포도는 연한 노랑이나 연한 연두색을 띠는 백포도 품종들인데, 이것들로 만들기 때문에 색이 연하게 나오는 것이다. 그렇다면 화이트와인은 백포도로만 만드는 것인가 하면 그렇지는 않다. 적포도로도 화이트와인을 만든다. 레드와인은 포도 껍질의 색소를 추출하지만 화이트와인은 껍질을 벗겨내고 와인을 만들기 때문에 포도의 붉은색이 와인에 반영되지 않는 것이다. 다시 말하면 레

침용 과정. 이 과정은 색깔 추출을 위해 행해지는데, 레드와인과 로제와인은 바로 이 과정에서 차이가 난다.

드와인은 적포도만을 가지고 만들지만, 화이트와인은 백포도나 적포도, 혹은 그 둘을 섞어서도 만들 수 있는 것이다.

로제와인이라고 부르는 분홍색 와인의 제조과정은 레드와인과 같다. 레드와인처럼 포도 껍질을 같이 넣고 발효시키다가 어느 정도 색이 우러나오면 압착하여 껍질을 제거한 후 과즙만을 가지고 와인을 만든다. 즉 껍질의 색이 우러나오는 과정인 마세라시옹(Macération) 과정을 짧게 하여 색깔이 너무 진해지지 않은 상태에서 껍질을 걸러내는 것이다. 이 과정을 오래 하면 색깔이 짙어져서 레드와인이 되고, 중간에 끝내면 색이 덜 우러난 로제와인이 된다.

프랑스에서는 레드와인과 화이트와인을 섞어서 분홍 색깔을 만들어내는 것을 법으로 금지하고 있다. 유일하게 허용되는 경우는 샴페인이다. 로제샴페인은 레드와인과 화이트와인을 섞어 분홍색을 내는데, 이것도 다른 지역이 아닌 샴페인 지역에서만 허용되고 있다.

와인은 또 식사 용도에 따라서 전식 와인과 본식 와인 그리고 후식 와인으로 나눌 수 있다.

전식에 함께하는 와인은 되도록 가볍고 산뜻한 맛이 나는 것을 택해서 식욕을 돋우는 것이 좋다.

브뤼(Brut) 표시가 되어 있는 달지 않은 샴페인이나 세리 등이 대표적인 전식 와인이다.

본식 와인이라면 메인 음식과 함께 마시는 와인이다. 식욕을 증진시키고 분위기를 좋게 해줄 뿐만 아니라 음식의 맛을 잘 볼 수 있게 입안을 헹궈주는 역할도 한다.

고기 요리에는 레드와인, 생선 요리에는 화이트와인이 적합하다고 흔히 알고 있지만, 반드시 그런 것만은 아니다. 연어 등 레드와인과 더 어울리는 생선요리도 많다.

후식 와인은 식사 후에 입안을 개운하게 하려고 마시는 와인인데, 대개 약간 달콤하고 알코올 도수가 높은 와인을 마신다.

코냑이 후식 와인으로 각광 받으며, 포트나 세리도 대표적인 후식 와인이다. 드미 섹 등의 단맛이 있는 샴페인도 좋다.

이외에도 거품이 있느냐 없느냐에 따라 일반 와인과 거품 와인으로 나뉜다. 거품 와인은 발효가 끝나 탄산가스가 없는 일반 와인에 다시 설탕을 추가해 인위적으로 다시 발효를 시켜서 와인 속에 기포를 만든 것이다. 거품 와인 중에서도 특히 프랑스 샹파뉴 지방에서 생산되는 것만을 샴페인이라고 부른다.

스위트와인은 말 그대로 와인에 단맛을 추가한 것이다. 와인이 단맛이

나는 경우는 자연발생적인 경우와 단맛을 내기 위해 인공적으로 첨가물을 넣는 경우가 있다. 전자의 경우는 포도에 들어 있는 당도가 매우 높아서 효모가 당분을 알코올로 충분히 전환시킨 뒤 발효가 완료되어도 여전히 당도가 남아 있다. 후자의 경우는 당도를 높게 유지시키기 위해 발효 도중에 알코올을 첨가해서 당도가 남은 상태에서 발효를 중단시키는 방법이다. 따라서 후자의 경우는 와인의 알코올 농도가 일반 와인보다 높아지는데, 대개는 16~17% 수준이다.

이밖에도 알코올 도수에 따라 일반 와인과 강화 와인으로 나뉜다. 와인의 알코올 농도는 보통 8~12% 내외인데, 여기에 알코올을 더 첨가해 18~20% 내외로 높인 것을 강화 와인(fortified wine)이라고 한다.

와인의 알코올 도수는 조금씩 다르다

와인의 알코올은 포도에 있던 당분이 발효되면서 변하는 것이므로 발효 기간에 따라 조금씩 다르다. 발효를 오래 시키면 당분은 줄어들고 알코올 함량이 높아진다. 레드와인은 12~14%, 화이트와인은 9~14% 정도이다. 스위트와인 중 당분 함량을 높이기 위해 도중에 발효를 중단시킨 경우에는 부족한 알코올 함량을 위해 알코올을 더 첨가하는 경우도 있다. 이런 경우는 16~17% 정도로 높아진다.

와인의 원료

세파주(Cépage)

그렇다면 와인은 어떤 포도로 만들까? 예전에는 우리나라에도 포도주를 담가 먹던 집들이 흔했다. 포도에 설탕과 소주를 넣어 묵혀두었다가 꺼내 마시는 것이다. 그때 쓰던 포도는 우리가 흔히 먹는 일반 식용 포도였다.

하지만 그렇게 집에서 담그는 포도주는 '와인'의 의미가 조금 다르다. 와인에는 포도 이외에 어떤 것도 들어가지 않기 때문이다. 물도, 알코올도, 설탕도 넣지 않고 오로지 포도로만 만드는 것을 와인이라 부른다.

우리가 늦여름에 흔히 먹는 캠벨 종이나 거봉으로도 와인을 만들 수 있을까? 대답은 '아니오'다.

세계 거의 모든 와인 산지는 위도 30도에서 50도 사이에 위치해 있다. 그 이유는 그곳에서 와인을 만들 수 있는 포도나무가 자라기 때문이다. 즉 아무데서나 와인을 만드는 포도가 생산되는 것은 아니라는 뜻이다. 현재 지구상에는 8,500종 정도의 포도 종류가 있으나, 이 중에서 와인을 만들 수 있는 양조용 포도는 200종 정도에 불과하다.

  캠벨, 기봉 등은 식용 포도이기 때문에 와인을 만들기에는 적합하지 않다. 양조용 포도는 식용 포도에 비해 알갱이가 작고 촘촘하며 껍질이 더 두껍다. 또한 당도와 산도가 동시에 높아야 한다. 당도는 알코올량을 결정하고 산도는 와인의 향과 맛을 결정한다. 수확기의 일교차가 커야만 당도와 산도가 동시에 높은 포도가 생산되기 때문에 양조용 포도나무는 특정한 환경에서만 자랄 수 있는 것이다. 또한 양조용 포도에는 당분을 알코올과 탄산가스로 분해시킬 수 있는 천연 효모(wild yeast)의 양이 많이 들어 있다.

프랑스의 와인 생산 지방과 대표적인 '귀족 포도'의 품종

화이트와인용 포도 품종
보르도 지방: 세미용(Semillon), 소비뇽 블랑(Sauvignon Blanc)
부르고뉴 지방: 샤르도네(Chardonnay)
론 지방: 보그니에(Viognier), 그르나시 블랑(Grenache Blanc)
루아르 지방: 시냉 블랑(Chenin Blanc), 뮈스카데(Muscadet)
알자스 지방: 리슬링(Riesling), 게브르츠트라미네(Gewurztraminer), 피노 그리(Pinot Gris), 뮈스카(Muscat)

레드와인용 포도 품종
보르도 지방: 카베르네 소비뇽(Cabernet Sauvignon), 메를로(Merlot), 카베르네 프랑(Cabernet Franc)
부르고뉴 지방: 피노 누아(Pinot Noir)
보졸레 지방: 가메(Gamay)
루아르 지방: 카베르네 프랑
론 지방: 시라(Syrah), 그르나시(Grenache)
알자스 지방: 피노 누아

스파클링와인용 포도 품종
샹파뉴 지방: 피노 누아, 피노 뫼니에(Pinot Meunier), 샤르도네
루아르 지방: 시냉 블랑, 카베르네 프랑

와인용으로 재배되는 포도의 품종을 나타내는 푯말과 수확을 앞둔 다양한 포도들. 왼쪽부터 소비뇽, 세미용, 뮈스카델, 프티 베르도.

와인를 생산하기 위해 재배하는 포도나무들의 품종을 프랑스어로는 세파주(Cépage)라고 부른다.

오랫동안 포도 재배 전문가들은 포도의 색깔, 당도, 산도, 열매의 크기, 성숙도, 생산성 등의 요소들을 고려하면서 다양한 품종의 포도나무들을 선발해왔다. 또 각 지역별로 그 지역 토질과 기후 등 환경조건에 적합한 품종들을 찾아내 재배기술을 발전시켜왔다. 이렇게 선발된 포도나무의 품종, 즉 세파주들은 각각의 독특한 맛, 향, 색깔 등을 갖고 있다.

또 같은 세파주일지라도 재배되는 지역의 환경 여건과 경작 기술에 따라 품질이 다르다. 예를 들어 같은 샤르도네 품종으로 화이트와인을 만들더라도 프랑스 부르고뉴의 와인과 미국 캘리포니아의 와인은 그 맛과 향이 확연히 다르다.

현재 과학적인 검증을 거쳐 재배가 허가된 세파주의 종류는 100가지이나 실제로 재배하는 종류는 30여 가지로 국한된다. 오랜 재배 경험을 통해 우수한 품질의 맛과 향을 만들어내는 품종들과 소비자들의 선호도가 높은 품종들을 골라냈기 때문이다.

우수한 품질의 와인을 만들어내는 포도 품종을 흔히 '귀족 포도'라고 부르는데, 귀족 포도로 만든 와인들은 각각의 독특한 특색과 맛이 있어서, 맛을 보면 생산지가 어디인지 식별할 수도 있다.

테루아르(Terroir)

와인 책을 읽다보면 여러 번 접할 수 있는 단어가 테루아르이다. 우리말로는 정확한 번역이 어려운 개념이기 때문에 테루아르라는 말 그대로 쓰인다. 테루아르가 좋아야 좋은 와인이 생산되며, 테루아르에 따라서 와인의 맛도 제각각이 된다.

그렇다면 테루아르란 정확히 무슨 뜻일까? 이것은 여러 가지 요소를 함축한 단어이다.

> 테루아르란 와인 산지의 위치, 토질, 기후 등 자연적 요소와 그곳에서 와인을 만드는 사람들의 역사, 면면히 이어 내려오는 기술, 장인정신 등의 인적 요소를 모두 통틀어 말하는 개념이다.

토질이 포도나무의 재배에 중요한 요소인 것은 당연하다. 포도나무가 잘 자라려면 배수가 잘되면서도 수분 공급이 일정하게 이루어져야 한다. 석회석, 규토 등 흙을 이루고 있는 성분의 비율이 포도나무에 잘 맞아야

각각의 포도나무 품종은 자신과 궁합이 맞는 토양이 따로 있다. 알베르 비쇼 사의 쇼룸에 전시된 토양의 표본.

하는 것은 물론이다.

물론 토질만으로 포도의 질이 결정되는 것은 아니다. 포도 역시 농산물이므로 기후의 영향을 크게 받는다.

> 겨울에는 적당히 춥고 비가 많이 내리는 것이 좋고, 여름은 길고 무더우며 비가 적은 것이 좋다. 온도보다 더 중요한 것은 햇빛으로, 포도의 당분 형성에 일조량은 매우 큰 영향을 미친다.

이런 기후 조건들은 지역마다 차이가 클 뿐만 아니라 심지어는 같은 지역 안에서도 작은 마을마다 미세한 차이가 있다. 그래서 아주 작은 생산지역도 일일이 구분함으로써 와인의 특성과 품질을 구분하는 것이다.

토양과 기후가 같더라도 포도 경작을 위한 각 지방이나 농가의 전통적인 노하우에 따라 포도의 품질이 다르고, 따라서 와인의 품질과 특성이 다를 수 있다. 사람들이 밭의 토질을 꾸준히 개선하고 포도나무의 경작 밀도를 조절해서 테루아르의 성격을 개선하려고 하기 때문이다. 또 자기 지역의 전통적인 재배기술을 유지·발전시켜서 다른 지역과 구별되는 와인의 품질, 맛, 향을 전수하기도 한다. 그래서 같은 지역에 있더라도 샤토에 따라 와인 맛이 달라지는 것이다.

와인 만들기

나무에 매달려 있던 포도가 병에 담긴 와인으로 재탄생하기까지는 수많은 과정과 오랜 시간이 필요하다. 명품 와인은 술 한 병을 만드는 것이 아니라 작품을 만드는 것이라는 생각이 들 정도로 정성을 기울이기도 한다.

와인 만들기는 크게 레드와인을 만드는 방법과 화이트와인을 만드는 방법 두 가지로 나뉜다. 앞서도 말했듯이 레드와인과 화이트와인의 차이는 포도 품종이 아닌 제조기술의 차이이다. 화이트와인은 발효 과정 이전에 포도즙을 추출해내는 반면에, 레드와인은 발효 기간 동안 마세라시옹 과정을 거치고 난 후에 즙을 걸러내는 것이다.

와인이 만들어지는 과정을 간략하게나마 살펴보면 우선은 포도를 수확하는 것이 첫째이다. 단순히 포도를 따는 과정이라고 생각하기 쉬우나 이 과정에서부터 각 와인의 특질이 반영된다. 코냑 지방처럼 기계로 수확하는 지역이 있는가 하면 일일이 손으로 따는 지역도 있는데, 샹파뉴 지방은 기계로 수확하는 것이 금지되어 있다. 또 수확 시기도 지역에 따라 달라서 포도알이 썩기 직전에 따는 곳도 있다.

수확한 포도는 양조장에 도착하자마자 줄기 등 불순물을 제거하는 선별 작업을 거치고 난 후 압착에 들어간다. 포도 알갱이를 으깨는 작업이 압착

양조방법에 따라 포도 알갱이와 줄기를 분리한다.

인데, 이 과정에서 포도 껍질에 묻어 있는 효모가 포도즙과 섞인다. 압착 시간은 포도 품종에 따라서 다른데 보통 3시간에서 5시간 정도 눌러 즙을 짜낸다.

그 다음 단계가 침용이다. 이 과정은 포도 껍질에 있는 색소를 추출하는 과정인데, 이 과정에서 붉은색과 분홍색이라는 색깔의 차이가 생긴다. 즉 침용 과정을 길게 하면 레드와인을, 짧게 하면 로제와인을 얻을 수 있다. 짧게는 4~5일에서 길게는 2~3주 정도 침용 과정을 거치는데, 요즘은 기계화되어 있지만, 예전에는 이 과정에서 포도 껍질이 위에 뜨지 않도록 사람이 직접 저어주었다고 한다. 그때 쓰던 나무통을 보니 사다리를 타고 올라가야 할 만큼 엄청난 크기였다. 그러나 레드와인이나 로제와인과는 달리 화이트와인은 침용과정을 거치지 않는다.

침용과 동시에 포도즙은 발효를 시작한다. 물론 발효는 침용이 끝난 뒤에도 계속된다. 이때 발효 속도를 조절하기 위해 효모를 투입하기도 하고, 산화를 막아주는 아황산 처리를 하기도 한다. 대체로 레드와인은 28~30도

과거에 사용하던 압착기(왼쪽)와 현재 사용하는 압착기(오른쪽).

정도의 높은 온도에서 8~10일 정도 발효를 진행시키고, 화이트와인은 18~20도 정도의 온도에서 12~15일 정도 진행시킨다.

　그후 와인에 적당한 색이 나오면 침용을 끝내고 즙을 분리해낸다. 고급 와인은 자연추출로 맑은 포도즙만을 따라내지만 대중 와인은 찌꺼기를 압착해서 포도즙을 짜낸다. 침용이 끝나고 포도즙을 분리해낸 뒤에도 발효는 진행되는데, 발효란 한마디로 당분이 알코올로 변화하는 과정이다. 알코올 발효뿐 아니라 젖산 발효도 포도즙 추출 이후에 시행되는데, 젖산 발효란 박테리아가 포도에 포함된 사과산을 젖산으로 변화시키는 것으로 신맛이 강한 사과산을 누그러뜨려서 부드러운 맛이 나게 한다. 레드와인을 만들 때는 젖산 발효를 하지만 신선한 맛과 향을 중요시하는 화이트와인을 만들 때는 하지 않는다. 단 부르고뉴의 샤르도네 품종으로 만든 화이트와인은 젖산 발효를 한다.

　젖산 발효까지 끝나면 그때는 와인이 되었다고 보아도 된다. 미세한 여과장치를 통하여 불순물질을 제거하고, 와인의 색깔을 선명하게 하는 과정을 거친 다음, 오크통 또는 일반 통에 장기간 보관하여 숙성에 들어간다. 이 숙성이야말로 안정되고 섬세한 맛과 향을 얻는 매우 중요한 과정이다. 숙성된 와인을 병에 넣고 코르크 마개로 막고 캡을 씌워 라벨을 붙이면 온전한 와인으로 재탄생한다.

오크통에서 숙성과정을 거친 와인은 그 맛과 향이 섬세해진다. 사진(슈발리에 몽라셰의 카브) 속의 오크통에 붙어 있는 숫자가 모두 같아 똑같은 와인이라고 생각하지만, 사실 이 표식을 때 어쩌면 주인만이 알 수 있는 품질을 표시하는 별도의 마크가 부착되어 있다.

와인 제조과정

포도선별(분쇄) → 압착 → 침용(발효) → 포도즙 추출 → 발효 및 젖산 발효 → 정제 및 여과 → 숙성 → 병입

와인을 만들 때는 어떤 물을 쓰나요?

포도로 와인을 만들 때는 어떤 물을 넣느냐고 묻는 사람들이 많다. 심지어 프랑스에서도 와인 만들 때 소주를 쓰는지 궁금해하는 사람도 있다. 예전에 우리나라에서 어머니들이 포도에다 설탕을 듬뿍 넣고 소주를 부어 과실주를 담그는 모습을 기억하는 것이리라.

하지만 와인에는 물을 쓰지 않는다. 와인은 다른 것을 섞지 않은 순수한 포도로만 만든다. 발효를 위한 효모 정도가 들어갈 뿐이다. 와인병 뒤에 붙은 백라벨을 보면 원료 및 함량에 포도즙 100% 라고 적혀 있는 것을 볼 수 있다. 포도를 수확해 이를 으깨서 즙을 낸 뒤 그 즙을 발효시킨 것이 와인이다.

와인 시음

와인은 술이고 술은 즐기기 위한 것이다. 와인에 대한 지식을 공부하고 생산지의 역사·문화적 특징을 아는 것도 궁극적으로는 와인을 마시고 더 많은 즐거움을 얻기 위한 것이다. 와인을 마시면서 발견하는 예민하고도 풍부한 향과 맛을 탐구하는 일은 중요하면서도 즐거운 일이 아닐 수 없다. 와인을 시음하고 즐길 줄 모른다면 와인에 대해 아는 지식들도 아무런 의미가 없다.

와인 시음은 눈과 코, 입을 통해 와인의 색과 향, 맛을 동시에 느끼는 것이다.

와인의 색

와인의 색상을 흔히 호브(Robe du vin)라고 부른다. 색은 빈티지(생산년도), 와인의 종류, 숙성 기간, 스타일에 따라 다르다. 와인의 색을 보면 와인의 종류와 와인이 얼마나 오래되었는지 혹은 변질이 되지는 않았는지를 알 수 있다.

와인의 색을 보려면 먼저 와인잔을 들어 흰 종이에 비추어보든지 밝은 빛에 비추어본다. 잔을 약간 기울이면 더 잘 보인다. 동시에 와인의 맑은 정

오크통 숙성을 거친 와인에서 나는 오크향 역시 부케의 하나이다.

도와 광채, 그리고 색조, 명암 등을 관찰하게 된다.

이때 와인잔을 둥글게 흔들었다가 멈춰보면 잔 벽을 따라 흘러내리는 액체를 볼 수 있는데, 이를 흔히 '와인의 눈물'이라고 부른다.

와인의 눈물은 속에 함유된 알코올, 글리세롤, 설탕 등으로 분석된다. 따라서 눈물이 많은 와인일수록 알코올 함량이 높고 당분이 많은 스위트한 와인일수록 눈물을 많이 흘린다고 보면 된다.

레드와인은 시간이 지나면서 색깔이 엷어진다. 처음에는 짙은 루비색을 띠다가 붉은색, 적갈색, 갈색으로 변한다. 반면 화이트와인은 점차 색깔이 진해지는데, 투명에 가까운 노란색에서 볏짚색, 짙은 노란색, 황금색, 호박색, 갈색으로 변한다. 물론 품종에 따라 색깔이 다르다.

와인의 색은 와인잔을 약간 기울이면 더 잘 보인다.

와인의 향

'와인을 마시는 것은 향기를 마시는 것'이라고 할 만큼 향은 와인의 생명과도 같다. 와인의 종류만큼이나 향은 다양하며, 또 한 가지 와인에서 한 가지의 향만 나는 게 아니라 여러 가지 복합향이 난다. 고급 와인일수록 여러 가지 향이 복합적으로 난다.

잔을 둥글게 돌려서 와인을 공기와 충분히 접촉시키면 향이 더 많이 피어오른다. 와인의 향은 그 와인의 질을 나타내는 척도라 해도 무리가 아니다.

좋은 와인은 은은하고 좋은 냄새가 나지만, 변질된 와인이라면 이상한 냄새가 나게 마련이다. 예를 들어 곰팡이가 핀 오래된 통에 저장된 것은 썩은 버섯 냄새가 나고, 코르크 마개가 완전히 닫혀 있지 않았을 경우에는 젖은 톱밥 냄새가 난다. 썩은 양

잔을 돌려 와인을 공기와 충분히 접촉시키면 더 많은 향이 난다.

배추 냄새는 제조업자가 방부제인 아황산가스를 너무 많이 썼다는 얘기이다.

와인의 향은 여러 가지가 있지만 크게는 아로마와 부케 두 가지로 나눈다. 아로마는 와인의 원료로 사용된 포도 자체에서 우러나오는 자연적인 향기를 말하며, 여기에는 과일향, 야채향, 꽃향, 풀잎향, 약초향, 흙 냄새 등이 있다. 이에 비해 부케는 발효와 숙성 과정에서 일어나는 와인의 화학적 변화에 의해 형성된 향으로, 특히 포도즙에 있는 설탕 성분이 알코올로 변하는 발효 과정에서 생긴다. 오크통 숙성을 거친 와인에서 나는 오크향 역시 부케이다. 부케는 아로마보다 미묘해서 파악하기 힘들지만 와인 전체의 느낌을 결정하는 중요한 향이다. 부케는 일반적으로 화이트보다 레드와인에서 더 꼼꼼히 따진다.

와인의 맛

전문가들은 와인의 맛을 봄으로써 와인의 종류와 생산지뿐만 아니라 빈티지까지 이야기할 수 있다고 한다.

와인의 맛을 볼 때는 입 안 전체와 혀를 적실 정도의 와인을 마신 후 입을 오므려 공기를 들이킨다. 이는 입 안에 있는 와인에 산소를 충분하게 접촉시키기 위해서이다. 그리고 입 안에서 와인을 천천히 굴리면서 와인이 혀, 잇몸, 입 천장 등 모든 부분에 닿도록 한다. 왜냐하면 와인의 맛은 입 안 어디에 닿느냐에 따라 달라질 수 있기 때문이다. 고급 와인일수록 더 다양한 맛을 지니고 있기 때문에 이렇게 하면 맛과 향의 미묘한 변화를 감지할 수 있다. 와인의 맛을 표현할 때 '풀 바디드(full bodied)', '라이트 바디드(light bodied)'라는 표현을 자주 쓴다.

> 바디(body)란 와인을 입 안에 넣었을 때 느껴지는 무게감을 의미한다. 물을 마실 때보다는 우유를 마실 때 입 안이 꽉찬 느낌이 드는 것처럼 와인의 바디는 와인에 함유되어 있는 성분의 농도에 의해 정해진다. 바디는 꽉찬 듯한 풀 바디(full body), 중간 정도인 미디엄 바디(medium body), 가벼운 느낌의 라이트 바디(light body)로 나뉜다.

보통 보졸레 지방 와인은 매우 가벼운 느낌이 나며, 론 지방 와인은 무거운 느낌이 든다.

바디와 함께 중요한 것이 균형(balance)이다. 이상적인 와인은 조화와 균형이 이루어진 와인이라고 하는데, 이 말은 탄닌, 산, 단맛, 과일향과 다른 성분이 적절하게 배합되었다는 것을 의미한다. 즉 여러 가지 맛의 느낌들 간에 어느 하나가 튀지 않고 서로 맛을 상쇄하거나 강화시키는 느낌이 들 때 균형이 잡혔다고 표현한다.

사람에 따라서 달콤한 와인을 좋아할 수도 있고 드라이한 와인을 좋아할 수도 있다. 와인의 당분은 일조량, 포도 품종뿐만 아니라 재배 기술, 발효 기술에 따라서도 달라진다. 스위트와인의 경우 당을 일부러 첨가하기도 하지만, 당분이 알코올로 변화하는 과정중에 발효를 중단시켜 당분이 자연스럽게 남게 하기도 한다. 드라이(dry)와인, 스위트(sweet)와인이란 바로 이 단맛의 정도를 나타내주는 말이다.

또 당도와 함께 중요한 것이 산도(acidity)인데, 이는 신맛의 정도를 의미한다. 신맛은 와인에서 아주 중요한 맛으로 신맛이 너무 강하면 와인이 시큼하고 날카롭게 느껴지고, 너무 약하면 밋밋하고 무기력하며 향도 지속되지 않는다. 이처럼 산도는 와인 맛의 균형을 이루는 데 아주 중요하며, 특히 화이트와인은 그 중요성이 더욱 강조된다.

와인의 여러 가지 맛 중 다른 술에 비해 가장 특징적인 맛이라고도 할 수 있는 것이 탄닌(tannin)인데, 탄닌은 떫은 맛으로 포도 품종과 일조량, 양조 기술, 숙성 정도에 따라 달라진다. 탄닌은 포도의 씨나 껍질에서 우러나오는데, 텁텁한 맛과 느낌을 결정짓는 중요한 성분이다. 탄닌이 더 중요한 역할을 하는 것은 레드와인으로 탄닌 성분이 많은 와인이 오랜 숙성에 적합하다고 할 수 있다.

또 알코올 농도는 와인의 향과 바디를 결정하는 중요한 요소이기도 하다.
와인을 시음하는 사람이 가장 중요한 것으로 여기는 것 중 하나가 여운(finish)이다. 여운은 와인을 삼키고 난 후에도 얼마 동안 와인이 입 안에 남아 있는 듯한 느낌이 지속되는 시간을 의미한다. 이 시간이 길면 길수록 좋은 와인이라고 할 수 있다.

샴페인편

샴페인이란

샴페인은 와인의 한 종류이다. '샴페인이 와인이었나?'라고 생각하는 사람도 있겠지만 샴페인은 거품이 있는 화이트와인이다. 그러나 모든 거품 와인을 다 샴페인이라고 부르는 것은 아니다. 프랑스의 샹파뉴 지방에서 만들어지는 거품 와인만을 샴페인 - 이는 샹파뉴의 영어 발음이다 - 이라고 부를 수 있다.

프랑스는 제1차세계대전 이후에 협정을 맺어 다른 지역의 거품 와인에는 샴페인이라는 이름을 절대로 사용하지 못하게 하였다. 그래서 같은 거품 와인이라도 스페인에서는 카바(Cava), 이탈리아에서는 스푸만테(Spumante), 독일에서는 젝트(Sekt), 미국에서는 스파클링 와인(Sparkling Wine)이라고 부른다.

샹파뉴 지방 사람들이 이 샴페인이라는 이름을 얼마나 아끼는지에 대한 일화가 있다. 세계적으로 유명한 입생로랑에서 샴페인의 인지도를 이용하기 위해 새로 나온 향수에 샴페인이라는 이름을 붙이기를 원했다. 당연히 그에 상응하는 보상을 약속했지만 샹파뉴 사람들은 단호히 거절하였다. 샹파뉴에서 나는 거품 와인 이외의 어떤 상품에도 샴페인이라는 이름이 사용되는 것을 반대하였던 것이다.

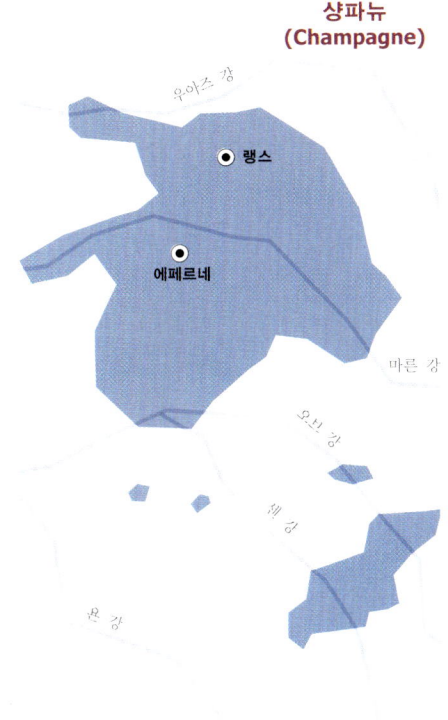

　샴페인의 거품은 축제나 즐거움의 동의어로 통한다. 프랑스는 물론이고 영국 왕실이나 러시아의 차르 황제까지 유럽의 왕들은 잔칫상에서 예외 없이 샴페인으로 손님들을 대접했다. 자동차 경주 대회의 우승자가 시상대에서 샴페인를 터뜨리는가 하면, 뉴욕 월스트리트 주식시장은 연말에 장을 마감하면서 샴페인을 터뜨린다.

　왕이나 우승자들뿐인가? 평범한 보통 사람들도 생일이나 축하할 일이 있을 때는 샴페인이 함께하는 걸 당연하게 여기고 있다. 프랑스에 근무하면서 알고 지내던 한국 유학생들이 있었는데, 어려운 경제 형편을 이겨가며 공부해온 가난한 유학생들도 졸업식이나 학위논문을 발표하는 자리에서는 꼭 샴페인을 챙기는 것을 자주 보았다.

　와인의 귀족이라 불리는 샴페인. 샴페인은 그 이름에 걸맞은 역사와 전통을 가지고 있다.

샴페인의 역사

샹파뉴 지방은 파리에서 동북쪽으로 약 150킬로미터 떨어진 곳이다. 프랑스 와인 생산지로는 가장 북쪽에 위치하고 있고, 산지와 계곡이 많아 다른 지방에 비해 겨울이 빨리 찾아오고 기온도 매우 낮다. 포도 농사와 와인을 생산하기에는 기후조건이 매우 불리하다. 하지만 놀라운 것은 이런 불리한 기후조건이 오늘날 샴페인의 탄생 배경이 되었다는 사실이다.

포도를 발효시키는 과정에서 핵심적인 역할을 하는 것이 효모인데, 이 효모는 온도가 일정한 수준 이상이 되어야 활동을 한다. 다시 말해서 발효 도중에 겨울이 되어 기온이 떨어지면 발효가 중단되고 와인은 설익는 것이다.

특히 샹파뉴 지방은 추위가 일찍 몰려와 이런 문제가 종종 생겼다. 요즘이라면 와인이 충분히 발효가 됐는지 기계 장비로 알코올 도수를 측정해서 쉽게 알 수 있지만 예전에는 그것이 불가능했다. 그래서 와인이 다됐거니 생각하고 통에 담아두거나 병에 넣어두면 이듬해 봄이 되었을 때 효모가 활동을 시작해 다시 발효가 된다. 그러니 통 안에서는 다시 가스가 발생하고 병에 넣은 것은 병마개가 튀어나왔다. 당시 병마개는 나무조각을 기름 먹인 천으로 싸서 만들었다고 한다.

이 대목에서 저 유명한 수도승 동 페리뇽(Dom Prignon)의 활약이 샴페인

수도승인 동 페리뇽이 코르크 마개를 고안했기에 현재 우리는 샴페인을 터트리면서 환호하며 기쁨을 만끽할 수 있다. 모에샹동 사는 정문 뜰 안에 상을 만들어 그의 업적을 기리고 있다.

역사에 전환점을 만든다. 수도원에서 포도밭을 관리하는 수도사였던 동 페리뇽에게는 샴페인이 봄이 되면 가스가 다시 발생하는 현상 때문에 골치였다. 그는 가스를 어떻게 하면 병 안에 묶어둘 수 있을까를 진지하게 고민했다. 기포가 있는 와인이란 매력적이지만 그 기포 때문에 병이 깨진다면 아무 소용 없는 일이었다.

밤낮으로 고민을 하던 그에게 코르크 마개가 눈에 띈 것은 단순히 우연이었을까? 당시에는 여러 수도원들을 돌아다니던 순례 방문단들이 있었는데, 마침 스페인에서 찾아온 순례자들이 있었다. 그들은 긴 여행길에 꼭 필요한 물을 호리병에 넣어 가지고 다녔는데 동 페리뇽은 그 호리병 마개에 눈길이 갔다. 그것이 바로 코르크 마개였다.

오늘날 포르투갈과 스페인에서 많이 생산되는 코르크 마개는 코르크나무의 껍질을 가공해서 만든 것이다. 스페인 순례자들은 수축성과 탄력성이 좋은 이 코르크를 물병 마개로 사용했지만, 동 페리뇽에게는 그게 하늘이 내려준 와인병 마개로 보였다. 동 페리뇽은 실험을 반복한 끝에 코르크를 이용한 와인병 마개를 고안했다. 그 결과 병은 깨지지 않았고 병마개를 따고 나면 거품이 솟아오르는 것이 사람들의 환호를 자아냈다.

사람들은 이 거품 와인을 즐겼는데, 특히 루이 15세는 이 맛에 흠뻑 빠져들었다. 루이 15세는 이 신기한 거품 와인으로 자신의 애첩인 마담 퐁파루드를 유혹하는 데 성공했고, 왕의 사랑을 누린 퐁파루드 부인은 샴페인을 누구보다도 즐겼다고 한다. 왕의 사랑은 오늘날 샴페인의 영광과 명성의 출발점이 되었다.

왕들과 귀족들의 사랑을 받던 샴페인은 프랑스혁명 이후에도 왕정시대의 사치품으로 전락하지 않고 꾸준히 명성을 이어갔는데, 나폴레옹은 샴페인의 대고객이었다.

모에샹동이라는 샴페인 회사에 갔을 때 그들은 나폴레옹이 원정을 떠날 때는 항상 자신들의 샴페인으로 축배를 들고 갔다고 자랑스레 말했다. 나폴레옹은 출정 전야에 긴 칼로 샴페인 병의 목을 치고는 그 샴페인으로 승리를 미리 축하하는 축배를 들었다고 한다.

그러나 영광이 지나치면 타락의 날개를 단다고 19세기에는 방종의 와인이라고 불리기도 했다. 고급 색주가의 창녀들이 매혹적인 그들의 발가벗은 몸을 샴페인에 담그기도 하고, 웨일스의 왕세자는 샴페인을 가득 부은 욕조에서 목욕을 즐기기도 했다.

이 당시 프랑스와 영국은 해외 식민지를 거느리고 돈이 넘쳐나던 시절이었는데, 피갈 거리의 물랭루즈와 샹젤리제 거리의 리도에서 밤새도록 '펑' 하고 샴페인 따는 소리가 시끄러웠을지도 모르는 일이다.

이런 영광과 찬사를 한몸에 받는 샴페인도 해결해야 할 두 가지 골칫거리가 있었다. 하나는 생산기술이 완벽하지 않아서 거품이 날 때도 있고 나지 않을 때도 있다는 것이었다. 그래서 가끔 잔칫상 분위기를 썰렁하게 만들곤 했다.

나폴레옹이 축배를 들었던 것으로 유명하다는 모에샹동 사의 샴페인.

또 하나는 수요는 많은데 공급이 따라가지 못한다는 것이었는데, 통계를 보면 19세기 말까지 고작해야 연간 4,000~5,000병을 생산했다. 따라서 가격은 천정부지로 오르고, 그럴수록 샴페인은 부르주아의 상징으로 전락해버렸다.

이 두 가지 문제를 동시에 해결한 것이 바로 샴페인의 여왕으로 부르는 클리코 여사였다. 지금의 샴페인 생산 기술은 클리코(Cliquot) 여사의 작품인 것이다. 마담 클리코 시대에 이르러 샴페인은 완벽하게 거품이 나는 것은 물론이고 맛도 조절할 수 있게 되었으며, 무엇보다 대량생산 시스템을 갖게 되었다.

샴페인 만들기

샹파뉴 지방에는 세 가지 품종의 포도만을 재배해서 샴페인을 생산한다. 재배 비율을 보면 적포도인 피노 누아(pinot noir)가 37%, 피노 뫼니에(pinot meunier)가 37%이고, 청포도인 샤르도네(chadonnay)는 26%이다. 샴페인은 색깔로 보면 화이트와인에 속하지만 청포도만을 가지고 만드는 것이 아니다. 피노 누아, 피노 뫼니에, 샤르도네 등과 같은 적포도와 청포도를 섞어서 만든다. 그뿐만 아니라 같은 품종도 여러 지역 밭에서 수확한 것들을 섞는 독특한 점도 있다.

또한 샹파뉴 지방은 포도를 일일이 손으로 수확한다. 이 지방의 와인 업자들 스스로 샴페인용 포도는 기계로 수확하지 못하도록 하는 규정을 만들어서 서로 감시하고 견제한다. 이런 것이 바로 프랑스 샴페인의 명성과 자존심을 지켜나가려는 노력이 아니겠는가.

수확한 포도는 최대한 빨리 압착에 들어간다. 이 포도의 압착이야말로 세심하고 정밀한 기술이 필요한 과정이다. 샴페인은 화이트와인에 속하지

샹파뉴 지방은 포도를 기계로 수확하는 것이 금지되어 있어 일일이 손으로 수확한다.

만 적포도를 섞어 만드므로 압착 과정에서 적포도 껍질의 색이 포도즙에 들어가지 않도록 해야 하기 때문이다. 너무 약하게 누르면 포도즙이 제대로 나오지 않고, 너무 세게 누르면 껍질이 으깨져 색소가 흘러나온다. 포도의 압착은 4시간 동안 하는데, 처음 2시간 압착한 것과 나중 2시간 압착한 것을 따로 관리할 정도로 포도즙의 관리가 철저하다. 즙을 추출하는 양도 제한한다. 포도 4톤당 2,550리터 이상의 즙을 짜내지 못하도록 제한한다. 계산해보면 이것은 포도즙 한 병에 포도 1.2킬로그램이 들어간다는 것을 의미한다. 이것 역시 품질 관리를 철저히 하기 위해 만든 규정이다.

그후 알코올 발효와 젖산 발효 과정을 거치는 것은 일반 와인과 비슷하다. 하지만 그후 아성블라주(assemblage)라는 조합 과정을 거치는데, 이 조합 과정이 바로 샴페인의 독특한 맛을 내는 아주 중요한 과정이다.

우선 만들어진 와인의 맛을 시음한다. 샴페인 회사에서는 매일같이 수십 종의 와인을 맛보고, 그 와인의 맛과 향 등의 특징을 기록해서 분류한다.

좋은 샴페인으로 거듭나기 위해서는 오랜 기간 숙성을 거쳐야 한다.

이 시음만을 몇 달간이나 계속한다. 그리고는 그 와인들을 조합해보는 것이다. 서로 생산년도가 다른 와인들을 섞어보고, 포도 품종별로 섞어보고, 서로 다른 밭에서 생산된 포도로 만든 와인을 섞어보고, 섞은 것을 또 섞어보고……. 이런 식으로 수백, 수천 가지의 조합을 만들어낸다. 이렇게 해서 샴페인 고유의 맛을 찾아내는 것이다.

조합을 거치면 2차 발효를 위해 병입한다. 와인을 병 속에 넣으면서 당분과 효모를 함께 집어넣는다. 병 속에서 이 효모는 활동을 시작하여 가스를 생성시키는 것이다.

병입된 와인은 지하동굴 카브에서 숙성을 거치며 2차 발효가 진행되는데, 이 카브는 백악광 동굴에 만들어져 있다. 이 지하동굴은 와인을 천천히 그리고 오랫동안 숙성시킬 수 있는 완벽한 조건을 갖추고 있다. 샴페인이 되기 위해서는 최소 3년의 숙성 시간을 가진다. 품질이 더 좋은 샴페인은 5~6년 이상의 숙성 기간을 거친다.

숙성을 거친 와인은 르뮈아쥬(remuage)라는 병돌리기 과정을 거친다. 이

방식은 침전물을 제거한 맑은 샴페인을 만들기 위해 1816년에 클리코 여사가 발명한 방식이다. 나무틀에 샴페인 병이 빽빽하게 꽂혀 있고, 시간이 되면 기계가 이 나무틀 자체를 돌려준다. 수십 개의 병이 한꺼번에 돌아가는 것이다. 하지만 예전에는 일일이 사람이 손으로 돌려주었다니 그 수고가 이루 말할 수 없었을 것이다.

이렇게 해서 침전물이 병목 쪽으로 가라앉으면 침전물을 얼려 제거하는 데고르즈망(dégorgement) 단계를 거친다.

르뮈아주와 데고르즈망은 기계화되었다는 것만 다를 뿐 그 원리는 200년 전의 방식과 달라진 것이 없다.

효모 찌꺼기가 제거된 맑은 샴페인은 도자즈(dosage)라는 당도를 조정하는 과정을 거친다. 만들어진 샴페인에 설탕을 첨가함으로써 아주 단맛이 나는 샴페인부터 단맛이 거의 없는 샴페인까지 여러 맛의 샴페인을 만드는 것이다.

그후 코르크로 막고 철사줄을 묶으면 비로소 우리가 축제에서 만날 수 있는 샴페인이 되는 것이다.

샴페인 제조과정

수확 → 압착 → 포도즙 분리 → 발효 → 시음과 조합 → 병입 → 숙성 → 병 돌리기(remuage) → 침전물 제거(dégorgement) → 당도조정(dosage) → 코르크 막기 → 철사줄 묶기

도자즈(dosage)

샴페인은 리터당 몇 그램의 설탕을 보충하느냐에 따라 몇 가지로 구분한다. 드미 섹 등 약간 단맛이 나는 샴페인은 후식 와인으로 마시고, 브뤼 등 달지 않은 샴페인은 전식 와인으로 사용한다.

① extra brut(에스트라 브뤼): 0~6g/ℓ ② brut(브뤼): 15g/ℓ 이하 ③ sec(섹): 17~35g/ℓ

샴페인의 여왕, 클리코 퐁샤르뎅

샴페인을 따는 순간 병 위로 솟아오르는 거품은 샴페인이 드리는 영광을 상징하고, 곧 이어 잔잔한 생동감을 일으키며 병 속에서 피어오르는 맑고 영롱한 기포들은 맑은 순수함을 선사한다. 하지만 사람들은 샴페인의 거품에만 주목하고 그 맑음은 지나치는 것 같아 아쉽다. 샴페인은 거품과 맑음, 이 두 가지가 함께 어울려야 그 위대한 빛이 발하는 것이다.

샴페인을 대할 때 한번쯤은 거품이 가신 뒤에 마음을 가다듬고 찬찬히 잔을 응시하며 바라보라. 그 영롱한 빛깔에서 짜릿하리만치 환상적인 느낌을 받지 않는가. 마치 상상 속에서 그리던 매혹적인 여인을 축제의 자리에서 우연히 마주쳤을 때 드는 느낌 말이다.

샴페인의 맑은 순수함에 영혼을 바친 여인이 바로 마담 클리코 퐁샤르뎅이다.

파리에서 지내던 어느 날 새벽. 그 여인을 만나기 위해 설레는 마음으로 아직 어둠이 가시지 않은 고속도로로 차를 몰았다. 시원한 들판으로 나오자 마음이 한결 가벼웠다. 하지만 그 여인과 만날 장소가 가까워오자 다시 마음이 두근거렸다. 그 여인은 처녀도 아니고 결혼은 했지만 남편을 일찍 여읜 미망인, 쉽게 말해서 과부이다.

뵈브 클리코 사의 카브에 저장되어 있는 와인병들.

목적지에 도착하자 한 여직원이 상냥한 미소와 함께 반갑게 맞았다. 그리고는 곧바로 깊은 지하 동굴의 카브로 조심스럽게 인도하고는 조용히 동굴 안에 불을 밝혔다.

탄성이 절로 나왔다. 내가 가슴을 설레며 새벽 미명에 달려와 만나려는 여인은 바로 여기 이 깊은 동굴 속에서 나를 기다리고 있었던 것이다.

끝이 보이지 않는 동굴 저편까지 일렬로 비스듬히 세워진 나무판들, 그리고 거기에 거꾸로 꽂혀 있는 샴페인 병들. 여기에 바로 샴페인의 순수함을 만들기 위해 청춘을 바친 여인, 클리코 퐁샤르댕 여사의 위대한 작품이 펼쳐져 있었다.

당시 샴페인은 유럽의 왕가들과 귀족들 사이에 대단한 인기를 얻고 있었지만, 기술적으로 중요한 약점이 있었다. 샴페인은 거품을 나게 하기 위해 병 안에 당분을 남겨두어 효모가 발효 작용을 계속하게 해야 하는데, 이 과

45도 각도로 병을 꽂아놓고 찌꺼기가 가라앉으면 하루에 2~3번씩 병을 돌려준다. 과거엔 일일이 손으로 작업을 했으나(왼쪽 면), 지금은 기계로 한꺼번에 600여 병을 단위로 하고 있다(오른쪽 면).

정에서 병 안에 찌꺼기가 생기는 것이었다. 그래서 샴페인을 즐기는 사람들은 병을 딴 뒤 별도의 크리스털 병에 조심스럽게 부어서 바닥에 가라앉은 찌꺼기를 제거했다. 이른바 디캔딩 기술을 쓴 것이지만 찌꺼기를 완벽하게 제거할 수는 없었다.

아마도 당시에 많은 사람들은 누가 이 찌꺼기를 제거하면 돈을 많이 벌 것이라고 저마다 한마디씩 했을 것이다. 그러나 문제를 극복하는 기술 개발은 말로만 되는 것이 아니다. 위대한 발명의 역사 뒤에는 반드시 남다른 노력과 정성이 따르지 않았던가.

그에 대한 해결책을 마련한 사람이 바로 클리코 여사이다. 그녀는 샴페

인의 순수함을 위해 자신의 영혼을 바쳤고, 그 결과 샴페인의 새로운 시대를 개척할 수 있었다.

 그녀의 남편은 샹파뉴 지방의 와인 업자였지만 불행히도 결혼한 지 7년 만에 사망했고, 그녀는 스물일곱 살 젊은 나이에 과부가 되고 말았다.

 클리코 여사는 다른 길을 생각할 겨를도 없이 바로 샴페인 사업에 뛰어들었다. 그리고는 샴페인의 찌꺼기를 원천적으로 제거하기 위해 남다른 노력과 정성을 쏟았다. 조용한 새벽마다 지하 20미터의 카브로 내려가서 촛불을 밝히고 샴페인의 숙성 상태를 세심하게 관찰했다. 어떻게 하면 이 신비의 와인에 순수함의 혼을 넣을 수 있을까.

이렇게 고심하던 클리코 여사는 마침내 르뮈아주 기술을 고안해냈다. 이 기술의 원리는 이렇다.

> 45도 각도로 비스듬히 거꾸로 꽂은 병을 하루에 몇 번씩 돌려준다. 보통 3~4주간 하루에 2~3번씩 계속한다. 그럼 발효될 때 나온 효모의 찌꺼기가 병목 쪽으로 가라앉는다. 그 다음 병목 부분을 영하 20도의 소금물에 넣어 순간적으로 얼린다. 병목 쪽에 가라앉아 있던 찌꺼기와 맑은 와인 사이에 얼음이 생긴다. 따라서 찌꺼기는 병뚜껑과 얼음 사이에 갇힌 셈이 된다. 그럴 때 뚜껑을 열면 가스의 힘에 의해 침전물은 밖으로 튀어나간다. 남는 건 찌꺼기 없는 맑은 샴페인뿐.

뵈브 클리코 퐁샤르뎅 사 건물의 현관에 세워진 클리코 여사의 상.

순수함으로 다시 태어난 그녀의 샴페인은 전세계로 팔려나갔다. 클리코 여사는 샴페인을 만들고 파는 일에도 열정적이었을 뿐만 아니라, 국가적인 문제로 등장한 와인업계의 부정 행위를 근절시키기 위해 앞장섰던 공로도 역사에 기록되고 있다.

클리코 여사가 만든 샴페인이 인기를 얻자 가짜가 엄청나게 나돌았다. 다른 유명 와인들 역시 가짜 문제로 골치를 썩고 있을 때 그녀는 또 한번의 기발한 아이디어를 냈다.

그것은 코르크 마개 밑에다 독특하게 고안한 문장을 새겨넣어서 소비자들이 가짜를 쉽게 구별하도록 하는 방법이었다. 당시에 이런 방법은 선풍적인 인기를 끌었고, 유명 와인을 만드는 양조장들은 앞다퉈 자신들의 문장을 만들고 코르크에 새겨넣었다.

그녀가 죽은 뒤에 회사는 과부라는 뜻의 뵈브를 앞에 붙여 뵈브 클리코 퐁샤르뎅이란 이름을 달았고, 오늘날 세계적인 샴페인 회사로 성장해서 그 이름이 전세계 샴페인 애호가들에게 기억되고 있다.

뵈브 클리코 사 로비에 걸려 있는 그녀의 초상화를 보면 한마디로 여장부라는 인상이 든다. 큼직한 체구에 강인한 얼굴 인상에서는 그녀가 남편도 없이 포도밭을 일구고 정성을 담아 만든 샴페인을 팔기 위해 세계 시장을 누볐을 모습을 읽을 수 있다.

그러나 그녀의 눈가를 천천히 바라보면 샴페인에 불어넣은 그녀의 영혼의 순수함이 느껴지면서 잔잔한 감동이 온다. 그 잔잔한 감동을 안고 샴페인잔을 들여다보라. 거품이 가신 뒤 잔을 타고 올라오는 맑고 영롱한 기포들 속에 그녀의 영혼이 녹아 있지 않은가.

포도 품종에 따른 샴페인 분류

블랑 드 블랑(Blanc de Blanc): 샤르도네만으로 생산한다.

로제 샴페인(Champagne Rosé): 붉은색과 백색 샴페인를 혼합한다. 붉은색과 백색을 섞어서 분홍색을 낼 수 있도록 유일하게 허가받은 샴페인이다.

생산년도가 표시되지 않은 샴페인(Champagnes sans annes): 여러 해에 생산된 와인을 조합해서 생산한 샴페인으로 가장 많다.

밀레지메 샴페인(Champagnes Millésimé): 포도 재배가 아주 잘된 특정 연도에 생산된 포도만으로 만든 샴페인이다.

코냑편
코냑이란

코냑은 와인으로 만든 증류주이다. 세상에는 수많은 증류주가 있지만 와인을 원료로 만든 증류주는 코냑과 아르마냑 두 가지이다. 프랑스의 코냑 지방에서 와인을 증류해 만든 술만을 코냑으로 부를 수 있으며, 같은 증류주라 해도 코냑 아래 지방인 아르마냑 지방에서 만든 증류주는 아르마냑이라 부른다.

파리에서 500킬로미터 떨어진 코냑 지방에 들어서면 지평선 멀리까지 낮은 구릉지대가 펼쳐져 있다. 이 구릉이 포도밭으로 이용되고 있다.

이런 지형은 트랙터 등의 기계 장비를 쓰기에 유리한 조건인데 실제로 코냑 지방에서는 포도 수확도 특수하게 제작된 수확 트랙터를 사용하고 있었다. 만일 트랙터를 쓰지 않고 사람이 일일이 손으로 수확해야 한다면 코냑의 가격은 지금보다 엄청나게 더 비쌀 것이다.

수확 트랙터는 안에 달린 여러 개의 금속 막대기가 포도 송이를 쳐서 알갱이를 떨어뜨리고, 그 밑의 고무 벨트가 돌면서 떨어진 알갱이를 저장고

코냑 지방은 샹파뉴 지방과는 달리 포도를 기계로 수확한다.

로 운반하는 시스템을 갖고 있다.

  그러면 이 과정에서 포도 알갱이 중 상당수가 이미 깨져 즙이 나온다. 이렇게 모아진 포도 알갱이와 즙을 차량으로 옮길 때는 위에 반드시 특수한 망을 씌운다. 이유를 물으니 바람에 포함된 대서양 바다의 짠기가 포도즙의 맛에 영향을 주기 때문이란다.

  사실 코냑 지방은 이 대서양 바닷바람 때문에 얻는 장점이 많다. 바닷바람은 습도를 유지시켜주고 여름에는 무더위를 식혀준다. 또 겨울에는 난류가 들어오기 때문에 난류에서 부는 바람 덕에 기온이 영상으로 유지된다고 한다.

  코냑 지방의 포도 수확은 늦은 시기인 10월경에 실시되는데 그 이유는 코냑을 만드는 화이트와인 품종인 위니 블랑이 다른 포도에 비해 늦게 익기 때문이다. 이 지방 포도 생산의 95%를 차지하는 위니 블랑으로 담근 와

인은 신맛을 내는 산도가 높고 포도의 예민한 향을 오래 보존하는 특성을 지니고 있는 데다 알코올 도수가 7~10도 수준으로 낮아 증류주를 만드는 데 안성맞춤이다.

실제로 마셔보면 마치 시큼한 과일 주스나 김빠진 포도식초 맛이 나고 알코올은 아주 부드럽게 느껴진다. 이것이 우수한 품질의 코냑을 만드는 재료가 되는 것이다. 재료가 되는 와인의 맛과 향이 강하고 오래 가야 증류 과정에서 포도의 고유한 향이 살아난다고 한다.

코냑 지방이 와인을 본격적으로 생산하게 된 계기는 16세기 네덜란드와 영국의 상인들이 드나들면서부터였는데, 그것은 코냑과 가까운 곳에 라호셀이라는 커다란 항구가 있기 때문이었다. 상인들은 소금과 곡물을 얻기 위해 이곳을 이용했는데, 타지의 상인들이 드나들면 주류 산업이 번창하게 마련이다.

그 무렵에는 네덜란드 상인들이 들여온 폴 블랑시라는 품종을 주로 경작했는데, 1870년경에는 포도 재배 면적이 30만 헥타르, 와인 생산량이 15억 리터에 달해 세계 최대의 화이트와인 산지로 인정받았다고 한다. 그러나 19세기 말에 프랑스 와인에 위기를 몰고 왔던 필록세라 병충해로 코냑 지방의 포도 농사도 치명적인 타격을 입어 재배 면적이 현재는 8만 5,000

헥타르로 줄었고, 포도나무 품종도 이탈리아와 그리스 지방에서 재배되는 위니블랑으로 교체되었다.

 네덜란드 상인들은 교역을 위해 먼 뱃길을 가면서 코냑 지방의 와인을 배에 싣고 다니며 마시곤 했는데, 알코올 도수가 낮아 자주 변질되기도 했지만 뱃사람에게 이런 약한 술은 도무지 성에 차지 않았던 모양이다. 그래서 네덜란드 상인들은 증류기술을 들여와 코냑 지방의 포도주를 끓이기 시작했다. 그것이 우리가 마시는 코냑의 시작으로 알려져 있다.

코냑과 위스키는 무엇이 다를까?

코냑과 위스키는 둘 다 증류주이다. 증류주란 양조주를 증류한 것으로, 알코올 함량이 높고 추출물이 거의 없는 술이다. 다만 위스키는 곡물을 발효시켜 만든 양조주(맥주 등)를 증류한 것이고, 코냑은 와인을 증류시킨 것이다. 곡물 양조주를 증류하면 무색 투명한 술을 얻을 수 있는데, 이것을 나무통에 넣어서 오랜 기간 숙성시키면 나무통의 성분이 우러나와서 색깔은 호박색으로 변하고, 맛과 향도 좋아진다.

코냑은 브랜디의 한 종류로 보면 된다. 브랜디란 와인을 증류시킨 것인데, 브랜디 중에서도 프랑스 코냑 지방에서 생산된 것에만 코냑이라는 이름을 붙일 수 있다.

코냑 만들기

코냑을 공부하다보면 오드비(eau de vie)라는 용어와 수없이 만난다. 'eau de vie'. 우리말로 풀이하면 '생명의 물'이라는 뜻인데 왜 그런 이름을 붙였을까? 늘 그것이 궁금했지만 시원스레 대답해주는 사람을 만나지 못했었다. 헤네시 사에서 코냑 제조의 전과정을 익힐 때 오랜 궁금증을 풀 수 있었다.

생명의 물이라고 불린 유래를 찾기 이전에 우선 '오드비'라는 게 무엇인가부터 알아보자.

> 간단히 말해 오드비란 '화이트와인이 코냑이 되는 과정중에 있는 술'이다.

코냑을 만드는 과정을 간단하게 알아보면 우선 수확한 포도를 발효시켜 화이트와인을 만들어야 한다. 발효 기간을 약 2주일 이내로 하면 드라이한 맛의 화이트와인이 만들어진다.

그 다음이 코냑 제조 과정 중 가장 중요한 1·2차 증류 과정이다. 이 과정에서 수없이 나오는 말이 오드비이다. 증류라는 것은 알다시피 액체를

같은 증류 기계에서 1·2차 증류를 실시한다. 먼저 가운데 있는 통(①)에 와인을 넣으면 왼쪽으로 난 관을 통해 작은 통(②)에 담긴다. 통에 담긴 와인에 열을 가해 증류를 시키면 위쪽의 관을 통해 수증기가 오른쪽에 있는 냉각수가 담긴 큰 통(③)을 경유해서 밑에 놓인 오크통(④)에 고이는 것이다.

끓여 나온 증기를 냉각해서 다시 액화시키는 방법이다. 재료인 와인을 증류하면 처음에는 알코올 도수가 아주 높은 액체가 나온다. 왜냐하면 알코올이 증발하는 온도는 87도이고, 물이 증발하는 온도는 100도이기 때문이다. 따라서 처음에 증발하는 증류수는 아주 알코올 도수가 높고, 점차 수분의 비율이 많아져서 알코올 도수는 점점 낮아진다.

1차 증류에서는 먼저 증발하는 알코올 도수가 높은 것은 버리고, 알코올 도수가 56%에서 5%까지인 증류수를 모은다. 그래서 평균 알코올 도수가 25~30%인 증류수를 증류통에 넣고 같은 절차를 반복한다. 2차 증류도 1차 때와 마찬가지 원리로 처음에는 알코올 도수가 높은 데서 시작해서 점점 내려가는데, 도수가 75%에서 60%까지인 증류수를 받아 모은다. 이것

증류기 공장 내부 모습.

이 바로 오드비이다.

참고로 2차 증류 때 나온 60%에서 5%까지의 증류수는 모았다가 다음 번 1차 증류를 할 때 섞어서 다시 2차 증류를 한다고 한다.

즉 오드비는 와인을 증류해서 만든 알코올 도수가 높은 술. 아직 숙성이 되지 않아 코냑이 되기 이전의 상태인 것이다.

그러면 왜 오드비라는 이름이 붙었을까. 헤네시 사 직원의 설명에 따르면 증류 기술은 처음에 아랍에서 시작되었는데, 옛날 아랍에서는 와인을 증류해서 도수가 높은 알코올을 얻자 그것을 상처의 소독용이나 진통제 등

으로 사용했다고 한다. 다시 말하면 의약 재료로 사용했기 때문에 사람의 생명과 밀접한 관계가 있어 이를 '생명의 물'이라고 하는 것 같다는 얘기였다. 듣고 보니 수긍이 가는 얘기였다.

이 생명의 물을 얻기 위해 두 번의 증류과정을 거치다보면, 처음 투입된 와인의 양은 1차 증류에서 3분의 1이 남고, 2차 증류에서 또 3분의 1이 남는다. 결국 1리터의 코냑을 얻으려면 9리터의 와인이 필요한 셈이다.

또한 증류에 걸리는 시간을 보면, 1차 증류에 약 8~10시간, 2차 증류에서는 10~12시간이 걸리니 꼬박 24시간이 필요하다. 코냑을 만드는 과정에서 어느것 하나가 수월한 게 있으랴만은 오드비를 추출해내는 과정이야말로 인내와 세심한 정성이 필요한 일이라고 할 수 있다.

코냑의 숙성, 천사도 코냑을 마신다

두 차례에 걸친 세심한 증류 작업을 반복한 뒤에 얻은 오드비는 이제 숙성을 위해 오크통에서 잠을 잔다. 오드비의 단잠은 짧게는 4년에서 길게는 수백 년 가까이 이어진다. 코냑 지방의 사람들은 오드비가 평화로운 단잠을 자는 동안 하늘의 천사들이 사람들보다 먼저 이 코냑의 맛을 본다고 말한다.

천사라니 무슨 얘기일까?

파리에서 남서쪽으로 500킬로미터 떨어진 코냑 지방. 인구 2만의 이 조용한 도시에 들어서면 코냑 냄새가 벌써 코에 스며오는 느낌이 들 정도로 코냑 보관 창고가 즐비하게 늘어서 있다. 일반적으로 와인 보관 창고인 카브는 지하에 만드는 데 비해 코냑 보관 창고는 지하보다는 일반 창고와 비슷한 지상 건물을 주로 사용한다. 이는 습도 조절을 위해서라고 한다.

코냑 지방에 처음 갔을 때는 집들의 지붕이 모두들 콜타르를 칠해놓은 것처럼 시커먼 것이 의구심을 자아냈다. 어떤 집들은 지붕뿐 아니라 돌담에까지도 검정 콜타르가 칠해져 있었다. 원래 검정색인 것 같지는 않고 뭔가로 칠한 것 같은데 이유를 알 수 없었다.

"저 새까만 지붕은 뭡니까?"

증발하는 알코올을 먹고사는 곰팡이 때문에 코냑 저장고의 지붕은 새카맣다.

"아, 저건 코냑이 저장된 창고입니다."
"카브를 왜 까맣게 칠해두었죠?"
"칠을 한 게 아니라 저절로 저렇게 된 겁니다. 저게 코냑을 먹는 곰팡이예요."

설명에 따르면 저장중인 코냑에서 알코올이 공기중으로 증발되는데, 미생물인 곰팡이가 그 증발하는 알코올을 먹으면서 기와지붕에 기생을 하기 때문에 지붕이 저렇게 까만 색으로 변했다는 것이다.

도대체 어느 정도의 알코올이 증발을 하기에 기왓장의 색깔이 저렇게 변할 만큼 곰팡이가 생길까. 코냑 지방의 카브에서는 연평균 약 150만 개의 오크통에 3억 리터에 달하는 오드비가 잠을 자며 숨쉬고 있다고 한다.

숙성 과정에서는 오크통의 품질이 매우 중요한데 코냑은 프랑스 오크통

와인을 오래 숙성시키다보면 벌레 때문에 오크통이 상하게 된다. 이를 막기 위해 벌레를 막는 데 가장 효과적인 밤나무로 만든 벨트로 오크통을 감싸준다.

중에 품질이 최상급에 속하는 리무쟁산 오크통을 사용한다. 아마도 리무쟁 숲이 코냑 지방에서 동쪽으로 가까운 곳에 위치한 지리적인 영향도 있는 것 같다.

오드비는 오크통에 담겨 카브에서 보관하는 동안 공기와 접촉하면서 자연 증발 작용을 하는데, 알코올 성분은 초기에는 1년에 약 2~3%씩 증발한다. 따라서 시간이 지나면서 알코올의 농도는 점점 낮아지고 그럴수록 증발하는 양은 줄어드는데, 종합하면 약 50년 정도의 기간 동안 전체 양은 절반으로 줄고 알코올 농도는 40% 정도가 된다.

이 지방 사람들은 이렇게 하늘로 증발된 코냑을 하늘에 계신 천사들께서 시음한다고 해서 천사의 몫이라고 부른다.

50년 정도 숙성한 코냑은 더 이상의 증발을 막기 위해 유리병에 담아 보관한다.

    증발하는 코냑의 총량을 따져보면 연간 2만 병 정도라고 하니 코냑 지방의 하늘에 계신 천사님들은 매일 만취 상태일 것 같다. 아니면 다른 지방 천사들을 종종 초청해서 함께 나누는지도 모른다.

    50년 정도 숙성한 코냑은 커다란 유리단지로 옮겨 담아 계속 보관되는데, 이런 코냑만 모아서 보관하는 곳을 파라디(le Paradis)라고 한다. 병에 담아 보관하는 이유는 그만하면 코냑에 오크통의 향이 충분히 배었을 뿐만 아니라 더 이상 증발하는 것을 막기 위해서이다. 헤네시 코냑의 파라디는 굵은 철망대문을 해서 달았는데, 그 안에는 1800년대에 생산된 코냑들이 가득했다.

    그러나 아무 코냑이나 오래 보관한다고 좋은 것이 아니다. 포도 농사부터 포도주 담그기와 증류가 잘된 것만을 보관해야 하고, 숙성 과정에서 품질이 좋지 않은 것은 빨리 분류해내서 기술적인 조치를 취하거나 서둘러

판매용으로 꺼내야 한다.

　숙성이 잘 진행되면 이제 마지막으로 조합 작업에 들어가는데, 이 조합 작업이야말로 아무리 과학 문명이 발달해도 기계가 대신할 수 없는 것 가운데 하나라고 그들은 자랑스러워했다.

　조합이란 여러 종류의 코냑을 섞어서 원하는 맛과 향을 만들어내는 과정이다. 일단 포도 산지, 생산년도, 숙성 기간, 품질 등이 각각 다른 오드비의 샘플을 대략 100여 가지를 선별한다. 샘플링 작업이 완료되면 일정 분량을 조합하고 조합된 것을 다시 오크통 속에 넣어 향과 맛이 골고루 안정되도록 기다린 다음에 다시 검사해서 완벽하면 본격적인 조합에 들어간다. 이것저것을 섞고 섞은 것들을 또 섞는 것이다. 복잡하다고 느낄지 모르겠지만 사실은 이것도 아주 단순화시켜서 설명한 것에 불과하고 실제는 매우 복잡하고 정교하다.

　이런 작업이야말로 수백 년의 전통과 인간의 창의력이 조화를 이루는 예술 작업이 아닐 수 없다. 이런 조합 작업을 하는 사람을 메트르 드 셰(maitre de chais)라고 하는데, 코냑 지방의 명문 양조장들은 저마다 세계 정상급의 메트르 드 셰들을 두고 있다. 이들은 대를 이어가며 한 양조장에 일하면서 그 양조장의 고유한 맛과 향을 보존한다.

　헤네시 코냑의 경우는 피유 가문이 7대째 메트르 드 셰를 이어가면서 헤네시의 전통을 이어갔는데, 불운하게도 그만 피유 가문의 자손이 끊겨버렸다고 한다. 헤네시 사는 26세 된 코냑 전문가와 계약을 하여 이후 10년간 교육을 시킨 후 피유 가문 사람들의 대를 이어 메트르 드 셰를 맡기기로 하였다고 한다.

　코냑의 연간 총생산량은 약 1억 5,000만 병으로 18세기부터 전세계로 수출된 후부터 지금도 생산량의 90% 이상을 수출하고, 수출 총액은 연간 14억 달러에 달한다. 주요 수출 시장은 미국, 일본, 영국, 독일 등이고, 최근에는 홍콩을 비롯한 중국 시장이 부상하고 있다. 코냑도 샴페인처럼 프랑스 농산품 수출에 효자노릇을 톡톡히 하고 있는 것이다.

코냑만은 프랑스 코냑 지방이 아닌 그 어디서도 이처럼 깊은 맛을 만들어낼 수 없다고들 하니, 코냑을 즐겨 마신 이 지방의 천사들이 코냑 지방에 축복을 내려주고 있는 게 아닌가 싶다.

코냑 지방만이 아니라 이 주변의 4개 지역 경제의 40퍼센트가 직·간접적으로 코냑 산업에 의지하고 있다고 하니 이 또한 천사의 축복이 아닌가.

코냑 지방의 양조장

코냑 지방에는 현재 약 240여 개에 달하는 크고 작은 양조장들이 있는데, 이 중 가장 큰 10개 회사가 전체 매출액의 90%를 점하고 있다.

코냑 지방에 처음 전문 양조장이 들어선 것은 1600년대부터이다. 오늘날까지도 여전히 코냑을 만드는 양조장을 살펴보면, 1643년에 창립된 오지에(Augier), 1680년에 창립된 귀에 고티에(Guillet Gautier), 1715년에 창립된 마르텔(Martell), 1724년에 창립된 레미 마르텡(Rémy Martin), 1763년에 창립된 오타르(Otard), 1765년에 창립된 헤네시(Hennessy) 등이다.

3부 알고 나면 재미있는 와인 이야기

코르크 마개의 비밀

한국으로 귀국할 날짜가 얼마 남지도 않았고 마무리해야 할 일은 많아 정신없이 시간에 쫓기고 있을 때였기에 포르투갈행은 사실 무리한 일이었다. 하지만 몇 번을 망설인 끝에 결단을 내릴 수 있었다. 그리고 마침내 포르투갈행 비행기를 탔다.

포르투갈은 세계에서 쓰이는 코르크 마개의 50퍼센트를 생산하는 나라이다. 와인을 만드는 수많은 공정의 대미를 장식하는 코르크 마개. 와인의 품질 관리에 절대적으로 중요한 이 코르크 마개를 만드는 과정을 눈으로 확인하지 못하면 두고두고 후회할 것만 같았다.

와인 공부를 하면서도 직접 현장에 다녀오지 않으면 직성이 풀리지 않았는데 코르크 마개도 마찬가지였다. 여러 사람을 귀찮게 하는 일이었지만 반드시 코르크나무 산지와 공장을 보고 싶었다.

포르투갈 공항 도착 시간은 금요일 오후 4시였다. 곡예를 하다시피 차를 몰아 미리 약속이 되어 있는 공장으로 갔다. 나는 직장에 매인 몸이니 움직일 수 있는 시간이 주말밖에 없는데 그 시간에는 당연히 공장도 문을 닫는다. 그런 것을 미리 사정을 해서 공장 문을 열어놓고 직원들도 퇴근을 못하게 잡아두고 있는 형편이었다.

포르투갈에 위치한 코르크나무 산지. 하늘을 향해 뻗어올린 나뭇가지들의 모양과 군데군데 벗겨진 줄기들의 모습이 매우 이채롭다.

 나는 공장에 도착하자마자 숨돌릴 사이도 없이 공장을 둘러보기 시작했다. 공장보다야 코르크나무가 자라는 산지에 직접 가보고 싶었다. 하지만 기다린 사람들에게 미안한 생각이 들어 차마 말을 못하고 있었다. 그런데 그곳 사람들이 먼저 코르크나무 산지로 안내하겠다고 하는 게 아닌가. 반가워할 겨를도 없이 또 급하게 차를 몰았다. 해가 어느새 뉘엿뉘엿 지고 있어, 어두워지면 이곳까지 와서 코르크나무 사진도 찍지 못할까 봐 여간 마음이 급하지 않았다.
 면적이 7,000헥타르가 된다는 그 코르크나무 산지. 참으로 장관이었다. 호수 옆에 자리하고 있어 물 위에 드리운 나무 그림자가 셀 수도 없이 빽빽했다.

 나무들은 중간중간 껍질이 벗겨진 것도 있었는데 껍질을 벗겨

103

낸 곳에는 숫자가 써 있었다. 숫자의 의미를 궁금해하자 그것은 코르크나무 껍질을 벗겼을 때의 연도라는 설명을 해주었다. 예를 들어 9자는 1999년에 껍질을 벗겼다는 뜻이다. 이렇게 숫자를 써놓은 이유는 한번 껍질을 벗기면 최소 9년이 지나야 두번째 껍질을 벗길 수가 있기 때문이란다.

코르크나무의 수명은 150~200년 정도라고 하는데, 나무를 심어 적어도 40년 정도는 자라야 껍질을 한 번 벗길 수 있다고 한다. 하지만 맨 처음 벗긴 표피는 거칠어서 코르크 마개보다는 낚싯대 손잡이 등으로 쓰인다고 한다. 두번째 벗긴 껍질부터 사용할 수 있는데 조직이 세밀하고 탄력성이 우수한 품질을 얻으려면 5~6번째까지 기다리기도 한다고 했다.

이렇게 벗겨진 나무껍질을 6개월 동안 그늘에서 말린다. 그 다음에는 100도의 끓는 물에서 1시간 가량 삶는데, 이 과정에서는 균이 제거되고, 껍질이 평평한 모양으로 잡힌다. 다시 2~3주 동안 말려서 또 45분간 100도로 삶고, 다시 또 2~3주를 말려서 두께와 품질에 따라 분류해서 코르크 공장으로 옮기는 것이다.

코르크는 매우 가벼우면서 밀랍 성분과 코르크 질이 연속적으로 배열되어 수분이 스며들지 않으면서도 공기가 통하는 독특한 특성을 가지고 있다. 이 공기가 통하는 코르크의 특성 때문에 와인이 숨을 쉴 수가 있는 것이다.

와인이 숨을 쉰다는 것은 오랜 시간이 흐르면서 와인이 아주 조금씩 자연스럽게 코르크를 통해 증발한다는 것을 의미하는데, 이때 줄어든 만큼 공기가 병 안으로 들어오는 현상이다. 물론 아주 극소량이다.

이런 숨쉬기 작용은 와인을 숙성시키고 향을 풍부하게 하고 맛을 부드럽게 해준다. 그런데 결국 코르크가 없었다면 불가능한 일이다.

고급 와인을 만드는 양조장에서는 당연히 좋은 품질의 코르크를 선호하

껍질을 한꺼번에 벗겨버리면 나무가 죽을 우려가 있기 때문에 부분적으로 벗겨낸다.

리스본 근교에 있는 코르크 마개를 제작하는 코르티프라타(Cortiprata) 사의 마당에 쌓여 있는 코르크나무 껍질.

고 가격도 그만큼 비싸다. 좋은 품질의 코르크는 100년 이상의 수령을 가진 나무에서 벗긴 표피여야 하며, 나무의 숨쉬는 통로인 껍질눈이 섬세하면서 많아야 한다.

코르크 마개의 가장 중요한 역할은 와인병을 완전하고 편리하게 막는 것이다. 하지만 단순한 병뚜껑이 아니라 와인을 와인답게 해주는 결정적인 역할을 하고 있다. 코르크가 아니었으면 어떻게 와인을 그처럼 오래 숙성시키며 숨쉬게 할 수 있단 말인가.

코르크 산지와 공장을 견학하고 돌아오는 길에 틈틈이 메모한 것들을 다시 읽어보니 여러 가지 생각이 들었다. 그 수많은 와인병을 따면서도 아무

코르크 마개를 덮고 있는 알루미늄 병마개. 병마개에 나 있는 구멍은 뚜껑을 씌울 때 병 내부의 공기가 밖으로 빠져나갈 수 있게 해줘 병 안의 압력을 줄여준다. 그리고 병 내부의 습기를 제거해 건조하게 유지시켜주는 등 코르크 마개가 항상 숨을 쉴 수 있는 공기의 통로 기능을 한다.

생각 없이 버렸던 코르크 마개. 그걸 만드는 공정을 되새겨보자 사람이 스스로 나무를 심어서 그 나무로 마개를 하나 만들려면 평생 단 한번 코르크 마개를 만들어볼 수 있겠구나 싶었다.

   와인을 일컬어 흔히들 시간의 예술이라고 표현한다. 와인 한 병이 만들어지기까지 어느것 하나 쉽고 빨리 되는 게 없이 장구한 세월과 정성이 들어가기 때문이다. 와인병을 막는 작은 코르크 마개 하나에도 사람의 인생과 맞먹을 만큼의 시간이 들어가 있다. 코르크 마개 생산현장에서 와인은 시간의 예술이라는 말을 다시 한번 확인할 수 있었다.

와인을 와인답게 오크통

프랑스 중부의 리무쟁 지방. 아름드리 오크나무가 하늘을 찌를 듯이 높이 솟아 있다. 쳐다만 보아도 현기증이 날 정도다. 이 많은 키 큰 나무들이 와인을 숙성시키는 오크통으로 다시 태어난다. 숲을 둘러보면 오크통이 모자라 와인을 못만들 일은 없겠구나 싶은 실없는 생각이 든다.

오크통은 오크나무가 어떤 기후와 지형에서 자랐느냐에 따라 그 질과 특성이 다른데 세계적으로 프랑스산 오크를 특급으로 쳐준다. 프랑스가 지금의 와인 강국으로 자리매김하는 데는 중부의 숲을 가득 메운 이 오크나무도 한몫을 했을 것이다. 100년, 200년씩의 수령을 자랑하는 이 나무들은 처음에는 군함을 만들 목적으로 심어진 것이라고 한다. 전쟁이 끊이지 않던 중세에 해전에 쓰일 배를 만들기 위해 심었던 오크나무가 지금 프랑스의 와인 산업에 아주 요긴하게 쓰이고 있으니 프랑스 와인은 이래저래 조상 덕을 보고 있는 셈이다.

와인의 가장 큰 특징을 '숙성'이라고 볼 때 오크통이 와인에 주는 영향은 결정적이다. 와인은 숙성 과정에서 일정한 양의 산소가 필요한데, 이 산소는 아주 미세한 분량이 천천히, 지속적으로 제공되어야 한다. 오크나무의 조직은 바로 이 미세한 산소 공급을 가능하게 해서 와인이 안정적으로

거의 완성 단계에 있는 오크통에서는 벌써부터 와인의 향이 묻어날 것만 같다.

숨을 쉴 수 있도록 한다. 오크통 속에서 숨을 쉰 와인은 탄닌이 부드러워지고 더 조화로운 맛을 낸다.

오크통을 사용하는 또 다른 이유는 오크통 자체의 향 때문이다. 오크통을 적절하게 사용하면 오크의 향이 와인에 밴다. 오크나무 조직에 함유되어 있는 각종 성분이 와인의 향에 관여하는데, 대표적인 것이 바닐린과 탄닌이다. 또한 와인은 오크통에서 향만 얻는 것이 아니고 맛도 더 좋아진다. 이는 박테리아가 오크통의 물질들과 신진대사를 일으키기 때문이라고 알려져 있다.

그런데 왜 꼭 오크나무일까? 통기성이 있는 나무통은 다른 여러 가지 목재로 만들 수 있다. 실제로 밤나무, 물푸레나무, 아카시아나무 등이 술통의 재료로 사용되고 있고, 오크통이 사랑을 받기 이전에는 소나무, 잣나무 등이 와인의 보관통으로 사용되기도 했다고 한다.

하지만 많은 나무들 중에서도 특히 오크나무는 와인의 숙성에 적절한 성질을 띠며 와인에 어떠한 나쁜 향도 주지 않으면서 오크의 향과 탄닌이 잘 드러나도록 해준다고 한다.

오크통은 모든 과정을 일일이 손으로 작업한다.

오크통을 만드는 공장을 찾았을 때 놀랄 정도로 섬세하고도 수많은 공정을 거쳐 오크통이 태어나는 걸 보았다. 그리고 그 작업은 하나하나의 오크통을 일일이 수작업하는 식으로 이루어졌다. 과연 시간과 정성의 산물이라는 와인을 완벽한 술로 숙성시킬 수 있는 자격이 충분히 있었다.

나무를 베어 다듬어서 말리는 과정이 첫째인데, 이 오크 널빤지는 3년 정도 공기에 노출시켜 자연스레 말리는 것이 건조실에서 말린 것보다 부드럽고 섬세한 나무향을 풍긴다고 한다. 말리는 것만 3년이라니. 와인이 품고 있는 시간의 무게가 다시 한번 느껴졌다.

준비된 오크 널빤지를 길쭉하게 잘라놓는다. 부르고뉴 지방에서는 이 길쭉한 널빤지가 큰 통에는 32개, 조금 작은 것에는 30개가 들어간다고 한다. 그 다음 쇠로 된 동그란 링 안쪽에 이 널빤지들을 세워서 꽂는다. 그리고 링 안에 끼워진 널빤지 안에다 불을 피워 속을 그을리는 것이다. 바로 이 그을리는 과정이 와인의 향을 결정하는 중요한 과정이라고 한다.

엷은 바닐라향, 볶은 커피향, 커피 태우는 향, 토스트 빵 냄새, 새 가죽옷의 냄새 등등 오크통의 그을린 정도에 따라 와인의 향이 달라지기 때문에 고급 와인 생산자들은 오크통을 주문할 때 어느 정도 그을릴 것인가를 미리 주문한다. 많이 그을릴수록 향이 진해지지만 이럴 경우 포도 고유의 향이나 특성 등이 감소될 수도 있기 때문이다.

오크통을 그을리고 나면 아랫부분에도 링을 끼우고 뚜껑을 덮는다. 사

오크통 제조 과정 중 가장 중요한 것이 불을 피워 내부를 그을리는 것이다. 이 과정을 통해 나무를 유연하게 하고, 향을 조절한다.

람이 일일이 망치로 두들겨서 다듬으면 완성인데 프랑스산 최고급 오크통은 값이 만만치 않다. 따라서 매년 와인을 만들 때마다 새 오크통을 사용한다는 것은 어지간한 고급 양조장이 아니고는 힘든 일이다.

고급 양조장에서 새 오크통을 사용하는 것은 단순히 가격 때문만은 아니다. 새로 만든 오크통은 나무향이 강하기 때문에 탄닌이 풍부하고, 짜임새가 있는 와인이라면 괜찮지만 구성이 약한 와인은 그 나무향을 감당해낼 수가 없다. 그러니까 고급 와인은 자체의 능력으로 오크통의 나무향과 조화를 이룰 수 있지만, 그렇지 않은 와인은 강한 나무향에 자신을 잃어버리고 만다. 와인에 오크통이 중요하다고는 하지만 포도 고유의 풍미를 잃어버리면 포도주가 아닌 참나무주가 되어버릴 수도 있다.

와인의 독특한 성질을 해치지 않으면서 은은한 정도의 나무향을 내려면 숙성 기간을 조절하거나 새 오크통과 헌 오크통의 비율을 조절하는 방법을 쓸 수 있다. 결론적으로 말해 오크통이 가진 여러 가지 좋은 점이 제대로 발휘가 되려면 장기 숙성용 고급 레드와인이 그 안에 담겨져야 한다. 무엇보다 와인의 품질이 좋아야 한다는 뜻이다. 그릇이 아무리 좋아도 안에 담겨 있는 내용물이 시원치 않으면 아무 소용이 없고 오히려 내용물을 망치게 될 수도 있다.

와인병만 보아도 산지를 알 수 있다

　와인이 지금처럼 목이 가늘고 반투명한 유리병에 담기게 된 것은 의외로 얼마 되지 않았다. 와인의 역사가 유구한 데 비해 용기의 역사는 그리 오래되지 않았다.

　'새 술은 새 부대에'라는 말이 있듯이 고대에는 가죽부대 등에 와인을 담아 가지고 다녔다. 따라서 보관에 문제가 있었고, 와인이 빨리 산화되어서 식초로 변하는 일이 자주 있었다.

　필요는 발명을 낳는다고 하지 않았는가. 와인병은 영국에서 먼저 만들어졌는데 그 당시 영국은 정략결혼에 의해 보르도가 속해 있는 프랑스 남서부 지방을 차지하고 있었다. 따라서 보르도 지방의 와인이 영국으로 많이 들어갔는데 언제나 와인을 담는 용기가 문제였다. 그러니 와인 업자나 애호가들은 와인의 보관이 늘 골칫거리였을 것이다.

　18세기 영국의 귀족이었던 케넬름 딕바이 경(Kenelm Digby)도 이런 사람 가운데 하나였다. 그는 연구에 연구를 거듭한 끝에 와인이 공기와 접하는 면이 많고 햇빛을 많이 받을수록 산화가 빨리 된다는 사실을 알았다. 그래서 공기와 와인이 접하는 부분을 최소화할 수 있는 오늘날과 같이 목이 가늘고 반투명하고 두꺼운 유리병을 만들었다.

보르도 지역 와인 관광안내소에 크기별로 진열된 각종 와인병.

　그때가 1640년이었는데, 그는 불운하게도 자신이 만든 와인병이 찬사를 받으며 널리 쓰이는 것을 보지 못했다. 왕정주의자로서 로마가톨릭 신자인 것이 드러나 감옥에 갇히고 말았기 때문이다. 그가 개발한 와인병도 종교 처벌을 받은 주인과 같은 신세가 되었다.

　그로부터 22년 후인 1662년 영국 의회는 그의 발명품인 와인병의 자격을 공식적으로 인정했다. 영국에서 개발된 이 와인병이 유럽 대륙에 상륙한 것은 그로부터 8년 후인 1670년이었는데, 오늘날의 네덜란드가 가장 먼저 도입하여 사용했다. 그리고 프랑스에서는 1707년에야 보급되어 사용되기 시작했는데, 이것은 프랑스의 보수성 때문이다. 영국과 백년전쟁을 겪으면서 감정이 좋지 않았던 프랑스는 와인병이 절실하게 필요했지만 영국의 발명품을 들여다 쓰길 꺼렸던 것이다. 여하튼 그렇게 만들어진 와인병은 지금까지 모양의 큰 변화 없이 그대로 쓰이고 있다.

와인의 세계에서는 역사와 전통을 중요하게 생각하는 만큼 와인병의 모양도 몇백 년을 변함없이 이어져 내려온다. 보르도산, 부르고뉴산, 알자스산 와인들은 멀리서 병 모양만 보아도 어느 지방의 와인인지 알 수 있다. 각 지역 고유의 병 모양을 몇백 년이나 바꾸지 않고 그대로 이어오고 있다.

와인병을 자세히 살펴보면 밑바닥이 오목하게 들어간 것을 발견할 수 있다. 이것은 오래 숙성시키는 와인에 흔히 생길 수 있는 침전물이 바닥에 쉽게 떨어져 고이도록 하기 위한 것이다.

와인병의 크기는 750㎖로 단일화되어 있다. 750㎖면 두세 사람이 식사를 하면서 곁들여 마시기에 딱 좋은 양이다. 와인은 한번 따면 두었다 다시 마시기 어려우므로 한번에 마실 수 있는 양을 어림잡은 것이라고 짐작된다.

하지만 750㎖짜리 와인병만 있는 것은 아니다. 보통 이 크기의 병을 쓰지만 후식 와인으로 쓰이는 스위트와인은 '드미(demi)'라고 부르는 375㎖짜리 병을 사용하기도 한다. 그외 매그넘(magnum)은 1.5ℓ, 더블 매그넘은 3ℓ를 의미한다.

제로보엠(jeroboam)이라는 병은 지역마다 다르다. 보르도에서는 5ℓ짜리를, 부르고뉴와 샹파뉴 지방에서는 3ℓ짜리를 제로보엠이라고 한다.

소리도 즐긴다 와인잔

음식을 담는 좋은 그릇이란 무릇 그 음식의 맛과 향, 색을 돋보이도록 해주는 것을 말한다. 좀더 편하게 음식을 먹을 수 있도록 하는 기능이 있어야 함은 물론이다.

술잔도 마찬가지이다. 위스키잔과 소주잔, 맥주잔이 모두 다르다. 그런데 와인잔에 이르러서는 그 종류가 수십 가지에 이른다. 크게 레드와인잔, 화이트와인잔, 샴페인잔으로 나뉘는 것 외에도 와인 산지와 포도 품종에 따라서 각기 다른 모양의 잔을 써야 한다는 게 전문가들의 얘기다.

우선 대부분의 와인잔들은 밑부분이 넓고 위로 올라갈수록 입구가 오므라드는 튤립 모양이다. 이런 모양은 와인의 향기를 모아준다. 또 향을 발산시키도록 와인잔을 빙글빙글 돌릴 때 와인이 밖으로 튀는 것을 막아준다.

레드와인잔은 좀 크고 오목하게 생겨서 떫고 팁팁한 맛을 잘 볼 수 있게 와인이 혀의 안쪽 부분에 떨어지도록 한다. 화이트와인잔은 상큼한 맛을 잘 볼 수 있게 레드와인잔보다 덜 오목하여 와인이 혀의 앞부분에 떨어지도록 되어 있다. 샴페인잔은 탄산가스의 공기방울이 뽀글뽀글 올라오는 모습을 잘 볼 수 있도록 잔이 좁고 길게 생겼다.

그런데 같은 레드와인잔이라도 와인의 생산 지방과 포도 품종에 따라 잔

을 달리 사용해야 한다고 전문가들은 권한다. 잔의 볼록한 정도, 입이 닿는 테두리의 커팅, 입구의 지름 등에 따라 같은 와인이라도 감지되는 향과 맛이 다르다는 것이다. 따라서 와인을 딱 맞는 제 잔에 마셨을 때에만 와인의 단맛, 신맛, 쓴맛의 밸런스를 유지하면서 와인을 즐길 수 있다는 것이다. 실제로 유명한 와인잔 회사들은 사람이 잔을 들고 마실 때 고개가 꺾이는 정도, 와인이 떨어지는 혀의 부위 등을 연구하여 잔의 지름과 경사각 등을 일일이 조정한다고 한다.

그러니 알맞은 잔, 좋은 잔으로 와인을 마실 때 와인 맛이 더 좋다는 것은 단순히 심리적이 것이 아니라 인체공학적인 뒷받침이 있는 것이다. 하지만 인체공학을 따지기 이전에 더욱 중요한 것은 와인잔의 청결이다. 아무리 비싸고 좋은 잔이라도 세제 냄새가 난다면 와인잔으로서는 불합격이다. 와인잔은 세제를 사용하지 않고 뜨거운 물로 닦으며 잘 건조시켜 두어야 한다. 또 나중에 꺼내 쓸 때도 미리 꺼내두어 혹시 잔에 배어 있을지 모르는 찬장의 나무 냄새, 상자의 종이 냄새 등을 날려보내야 한다. 이런 세심한 배려는 물론 와인에서 가장 중요한 향을 위해서이다.

와인잔은 와인의 오묘하고 깊은 색, 은은하고 복합적인 향, 나름의 특색 있는 맛을 한껏 발산할 수 있도록 도와주면서도 소리라는 즐거움을 또 하나 더해준다. 좋은 사람들과 둘러앉아 맑은 크리스털잔을 부딪칠 때, '쨍' 하는 청아하고 여운이 있는 소리. 나는 그 소리에 취한다.

라벨 읽기

"특별히 찾으시는 게 있습니까?"
"아니, 좀 골라보려구요."
"네, 천천히 보십시오."

와인숍의 직원은 물러가서도 가까운 데 서서 내가 부르면 언제든 달려올 준비를 하고 있다. 그 직원을 의식해가며 선반 위에 누워 있는 와인 병들을 제법 진지하게 돌아본다. 라벨의 글씨가 작아서 눈을 대고 들여다보기도 한다. 그렇지만…… 뭐가 뭔지 모르겠다.

또는 레스토랑에서 와인을 주문했는데, 웨이터가 와인병을 들고 오더니 라벨을 보여준다. 시킨 것이 맞는지 보라는 뜻인 모양인데 뜻모를 외국어가 잔뜩 써 있다. 이럴 땐 그저 웨이터를 믿는 수밖에.

와인 초보자라면 다들 이런 경험을 해보았을 것이다. 여기저기서 들어본 와인 이름들은 꽤 있는데 라벨에는 뭐가 그리 많이 써 있는지 그중 어떤 것이 와인 이름인지도 알 수가 없다.

와인이 까다로운 술이라더니 라벨 하나도 이렇게 까다롭게 만들었구나 생각할지 모르겠지만 사실 와인의 라벨은 소비자들을 도와주기 위한 이름표라고 할 수 있다. 라벨 읽기를 조금만 익히면 누구나 라벨만 보고도 그

와인에 대해 많은 정보를 얻을 수 있는 것이다. 그래서 처음 와인을 공부하는 사람에게는 와인숍에 들러 와인 라벨들을 읽어보는 것만도 좋은 공부가 된다.

와인 라벨이 표시된 정보들은 국가에 따라 다르다. 여기서는 이 책에서 다루고 있는 프랑스 와인 라벨을 살펴보자.

1 로고 와인의 상징
2 빈티지 포도 생산년도
3 양조장 명칭
4 AOC(원산지명칭통제)
5 알코올 함유량
6 용량 보통 750㎖
7 병입지 어디에서 병입되었는가
8 와인의 등급

와인 제조 공정 중 마지막 과정인 병입 장면.

보르도 와인의 경우 포도원, 즉 그 와인을 만든 회사 이름이 상표가 된다. 라벨에서 가장 큰 글씨로 표시되어 있는 게 상표이다. 포도 재배 지역은 AOC 규정에 따라 'O' 자리에 기재된다. 이에 비해 부르고뉴 와인은 포도 재배 지역을 상표로 사용하며, 역시 제일 큰 글씨로 표시되어 있다. 회사명은 작게 쓴다. 다른 와인 생산지도 보통 포도 재배 지역을 상표로 쓴다.

프랑스 와인은 라벨에 포도 품종은 표기하지 않는다. 알자스 화이트와인만 포도 품종을 표시하는데, 이는 알자스 와인은 품종이 곧 와인의 상표가 되기 때문이다.

와인 라벨에 반드시 표기해야 하는 것은 원산지 명칭, 등급, 병입자의 이름과 주소, 병 용량, 알코올 함유량이며, 포도 수확년도, 병입지 등은 임의 기재사항이다. 'Mis en bouteille au chateau'라고 표시되어 있으면 와인을 만든 자기 샤토에서 병입했음을 나타내는 것으로 품질에 자신이 있다는 뜻이다. 당연히 고급와인은 자신의 샤토에서 병입된다.

  이와 같이 라벨을 찬찬히 살펴보면 몇 년도에 어느 곳에서 재배된 포도로, 누가 만든 어느 정도 등급의 와인인지를 알 수 있다. 라벨만 제대로 읽어도 엉뚱한 와인을 잘못 사는 일은 없을 것이다.

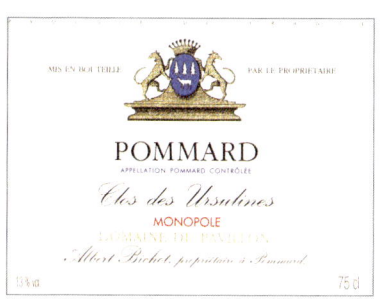
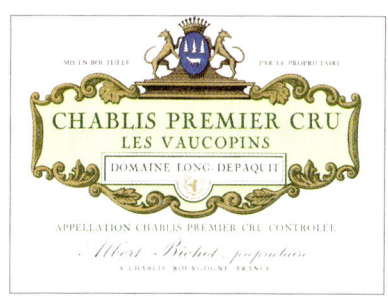

병충해의 파수꾼 장미꽃

"보기 좋으라고 심은 것이 아닙니다."

장미나무를 가리키자 와인 회사 직원이 웃으며 말했다. 드넓은 포도밭의 가장자리를 빙 둘러서 장미나무가 자라고 있었다. 푸르른 포도나무들과 어울린 장미꽃이 참으로 아름다웠다. 그러나 직원의 말대로 장미나무는 단순히 보기 좋으라고 있는 것이 아니라 포도를 재배하는 데 막중한 임무를 맡고 있었다. 그건 바로 포도나무를 병충해로부터 지키는 파수꾼의 역할이었다.

프랑스 고급 와인을 만드는 포도들은 농약 살포가 매우 엄격하게 제한된다. 무공해 포도가 땅 속 깊은 곳에서 빨아올린 청정 지하수가 그대로 와인이 되는 것이다. 그러니 병충해 문제가 골칫거리가 아닐 수 없다. 그런데 병충해에 가장 취약한 나무가 바로 장미나무라고 한다.

따라서 포도밭에 어떤 병충해의 징조가 있으면 가장 먼저 장미나무에 신호가 온다. 장미꽃과 잎에 병충해가 나타나기 시작하면 포도밭 전체로 피해가 번지기 전에 재빨리 조치를 취한다는 것이다. 그러니 장미나무는 제 한몸 희생하여 포도나무를 지키는 충직한 파수꾼이 아닐 수 없다.

생타뉴에 있는 뵈브 클리코 퐁샤르댕 사의 포도밭. 장미꽃이 병충해를 막아주는 파수꾼의 역할을 하고 있다는 것을 확인할 수 있다.

    포도를 재배하는 사람들은 병충해라고 하면 고개를 절레절레 흔든다. 19세기 말에 '필록세라'라는 병충해가 와인 산업 전체를 뿌리째 흔드는 피해를 입혔기 때문이다. 미국에서 건너온 이 노랗고 미세한 진딧물은 포도나무의 뿌리를 갉아먹어 결국 나무를 죽게 만드는 무서운 해충이었다. 프랑스의 거의 모든 포도원은 필록세라의 습격을 견디지 못하고 쓰러져 1885년 전체 수확량은 8,000만 헥토리터에서 2,500만 헥토리터로 급격히 감소하고 말았다. 와인 품귀현상이 발생했는가 하면, 가짜 와인까지 나돌아 프랑 와인 산업은 그야말로 절체절명의 위기를 맞았다.

    그러다 프랑스의 포도나무를 해충에 강한 미국 품종의 뿌리에 접목시키는 방책으로 프랑스 와인 산업은 기사회생했던 것이다. 필록세라 사태 이후로 프랑스 각 지역에서 재배되는 포도 품종도 예전과는 달라지고 생산량도 지역간의 순위가 뒤바뀌기도 했다.

암컷 페로몬이라는 호르몬 주머니를 포도나무 사이에 매달아 병충해를 예방한다고 한다.

    그런 설명을 들으며 포도밭을 둘러보는데, 당시에는 엄청난 피해를 입히며 자칫 프랑스 와인 산업을 영원히 폐허로 만들 뻔했던 필록세라 피해가 오늘날의 프랑스 와인을 세계 수준으로 성장·발전할 수 있는 계기가 되지 않았나 하는 생각이 들었다.
    또한 요즈음 프랑스에서는 흔히들 와인 산업을 프랑스의 석유 산업이라고 일컫기도 한다. 석유가 생산되지 않는 프랑스로서는 연간 석유 수입과 와인 수출이 거의 비슷한 금액이기에 와인산업을 프랑스의 효자 산업이라고도 한다며 열심히 얘기를 들려주었다.
    포도밭을 자세히 보니 이번에는 포도나무들 사이로 줄을 매어 무슨 방향제 같은 것을 매달아놓은 것이 있었다. 포도밭에 방향제를 달아놓다니 이건 또 무슨 일일까. 그것의 정체가 궁금해서 물어보니 직원은 웃으면서 암컷 페로몬이라고 했다.

    암컷 페로몬에서 강한 암컷의 향내가 풍기면 수컷 벌레들이 오지 않는다고 한다. 즉 여기는 암컷들만 모여 있구나 싶어 부끄러워서 오지 않는다는 것이다. 사람도 여자는 남자들만 모여 있는 곳을 지나갈 수 있지만 남자는 여자들만 모여 있는 곳은 지나가지 못한다고들 말한다. 그만큼 남성이 더 부끄럼을 탄다는 뜻인데 사람뿐만 아니라 곤충들도 그렇다는 것이다.

그 얘기가 사실인지는 알 길이 없으나 어쨌든 암컷 페로몬이 해충을 예방하는 데 효과가 있으니 그렇듯 여기저기 걸어둔 것이리라. 어떤 부끄럼 없는 용감한 수컷 곤충이 암컷 페로몬에도 불구하고 날아와서 포도나무를 해치지 않기를 바랄 뿐이다.

어느 해 수확한 포도인가 빈티지

    와인은 자연과 인간의 합작품이다. 사람들은 포도나무를 가꾸고 열매를 따서 포도주를 담가 병에 넣기까지 더할 수 없는 정성을 기울이며 땀방울을 쏟는다. 하지만 사람도 어쩔 수 없는 부분이 있다. 포도에 내리쬐는 햇빛과 부는 바람, 철 이르게 내리는 서리를 인간이 어쩔 것인가.

    좋은 와인은 재료가 되는 포도가 좋아야 하는 것은 두말할 필요도 없다. 그러니 포도가 재배되는 해의 기후가 어땠는지가 와인의 품질에 영향을 주는 것 역시 당연한 이치다. 그래서 와인을 고를 때 그 와인을 만든 포도가 재배되었던 해, 즉 밀레짐(영어로는 빈티지)을 따지는 것이다.

    와인의 빈티지가 중요한 이유는 기후 조건에 따라 와인의 숙성 조건도 다르기 때문이다. 포도가 자라고 익는 동안 적절한 햇빛과 비가 내려준 좋은 해의 포도로 만든 와인일수록 숙성을 오래 시킬 수 있다.

    좋은 와인이 되기 위해서는 우선 당도가 높아야 하고, 당도가 높은 포도가 되기 위해서는 일조량이 많고 강우량은 비교적 적어야 한다. 또 수확기에는 비가 오지 않아야 하는 등 양조용 포도 재배는 까다로운 기상 조건을 요구한다. 사람들은 포도가 햇빛을 더 많이 받을 수 있도록 겨울에 가지를 치고 여름에는 포도를 가리는 잎을 일일이 묶어 올리는 등 정성을 쏟지만

부르고뉴 지역의 퓔리니 몽라셰라는 조그마한 마을의 포도밭.

그래도 자연의 힘을 거스르기는 어렵다.

프랑스의 경우에 빈티지는 빈약한 해, 평균 해, 좋은 해, 우수한 해, 예외적으로 좋은 해 등으로 분류한다. 뒤로 갈수록 더 오래 보관하는 것이 가능하며 가격이 높다.

기후 조건은 모든 지역이 다 같을 수 없으니 각 와인별로 좋은 빈티지가 모두 다른 것은 당연하다. 그래서 빈티지 차트는 각 와인 산지에서 그 해의 기온, 일조시간, 강우량 등의 기상 조건을 기준으로 작성한다. 빈티지 차트는 생산년도별로 와인의 점수를 주는 방식으로 작성되는데, 지역에 따라서 다르지만 같은 지역이라도 또 레드와 화이트가 다르다.

그렇다고 해서 빈티지가 와인의 품질 평가에 절대적인 것은 아니다. 와인의 품질에는 종류별 포도의 품질뿐 아니라 양조 방법, 숙성 조건 등 셀 수 없이 많은 변수들이 작용하기 때문이다. 하지만 빈티지는 그 수많은 변수 중 중요한 하나의 요소인 것만은 분명하다.

원산지명칭통제제도에 대한 이해

프랑스 와인에 대해 뭘 좀 알아보려고 하면 빠지지 않고 등장하는 것이 AOC라는 제도이다. 보통 프랑스 와인의 품질 등급을 구별하거나 포도주의 생산지를 구분하는 기준 정도로 이 제도를 이해한다. 더 단순하게는 라벨에 AOC 표시가 있으면 좋은 와인이려니 하는 정도이다.

AOC는 'Appellation d'Origine Controlée'의 약자로 우리말로 하면 '원산지명칭통제제도'라고 할 수 있다.

말만 들어도 조금 복잡하다는 느낌이 들지만 사실 프랑스 와인을 이해하는 데 이 제도만큼 중요한 것도 없다. 프랑스 와인을 지금의 위치에 이르도록 하는 데 가장 큰 기여를 한 것이 바로 이 제도라고 해도 과언이 아니기 때문이다.

이 제도를 심도 있게 연구하게 된 것은 우연히 이나오의 파네 부원장과 점심식사를 같이하면서이다. 이나오(INAO)란 'Institut Nationale des Appellations d'Origine'의 약자로 국립원산지명칭통제기구, 즉 AOC를 운용하는 기관이다. 국립이라고 하니까 프랑스 정부가 나서서 와인 산업을 통제하는구나 싶겠지만 이나오의 위원들은 와인 사업자들로 구성되어 있다. 법규 허가와 시행 감독에서는 정부기관이 중요한 역할을 하고 있지만, 이나오에서 AOC 제도를 실질적으로 운영하는 주체는 포도 농사꾼과 양조업자, 유통상인 등 와인에 관련된 사업자들이다.

파네 부원장은 식사시간 내내 AOC의 중요성을 강조하고 또 강조했다.

"AOC를 이해하면 프랑스 와인을 보는 안목이 달라질 겁니다. 특히 므슈 김처럼 국제 무역 분야에서 전문적으로 일하는 사람은 꼭 익혀둘 필요가 있습니다."

헤어진 뒤에 이분은 고맙게도 다시 사무실로 전화를 걸어왔다.

"므슈 김, AOC에 관심이 있는 것 같아서 자료들을 좀 준비했습니다. AOC를 이해하려면 필수적인 것들이니까 아무때나 편할 때 찾아가세요"

파네 부원장에게서 받아온 자료들을 기초로 해서 나는 AOC 제도를 제대로 이해할 수 있게 되었다.

> AOC 제도를 만든 원래 취지는 와인의 품질 등급을 구별하기 위한 것은 아니었다. 원래 목적은 특정 생산지역의 토질과 기후 등 환경 조건과, 고유한 생산방식을 다른 지역들과 구별하고, 이것을 보호하기 위해서 만든 것이다.

이 제도를 만든 역사적인 배경이 흥미롭다.

유명한 상품이 나오면 항상 그것을 모방하는 유사품, 모조품들이 나타나게 마련이다.

18세기 말에 일어난 프랑스혁명 이후 왕과 귀족들이 독점적으로 운영하던 와인 사업이 일반 농민과 상인들이 참여할 수 있도록 자율화되자, 유명한 와인 산지의 지역 이름과 유명 양조장의 이름과 상표를 도용하는 부정사례가 극성을 부렸다. 특히 최고품을 생산하는 부르고뉴, 보르도, 샹파뉴 지방의 양조업자들에게는 이런 문제가 보통 심각한 것이 아니었다.

그래서 유명 와인 산지의 사업자들은 강력한 사업자 조합을 만들어서 조직적으로 부정행위에 대처했고, 일부 양조장들은 모방하기 어려운 정교한 문장과 마크를 만들어서 코르크 마개나 라벨에 표시하는 방법도 고안했다. 샹파뉴의 유명한 클리코 여사도 당시 이런 부정행위 방지에 적극 나섰는데, 그녀는 자신의 독특한 문장을 직접 도안해서 코르크 마개 밑바닥에 새겨넣는 방법을 고안하기도 했다.

그러나 더 결정적인 부정행위와 이로 인한 와인 시장의 교란은 19세기 말에 미주대륙에서 유입된 필록세라 병충해 사건 때문이다. 이 병충해로 인한 피해는 아주 심각해서, 대부분의 포도나무들이 잘려나가 프랑스의 와인 산업 전체가 존폐의 위기에 빠졌다.

다행히도 피록세라 병충해를 잘 견디는 캘리포니아산 포도나무를 도입해서 기존의 포도나무에 접목하는 방법으로 이 위기는 극적으로 벗어날 수 있었다. 하지만 병충해 문제가 해결되자 이번에는 더 심각한 문제가 기다리고 있었다.

병충해로 인해 유명 와인들의 생산량이 감소하고 공급량이 절대적으로 부족해지자 가짜 명품 와인은 더 판을 치기 시작했다. 아무 지역에서나 생산된 와인들에 보르도 또는 부르고뉴 같은 유명 생산지들의 이름을 붙인 가짜 와인들이 시장을 교란시켰던 것이다.

사태가 이렇게 되자 결국 프랑스 정부가 와인시장의 불안정을 해결하기 위해 발벗고 나섰다. 위기를 수습하고 나선 사람은 요셉 카퓌(Joseph Capus) 상원의원이었는데, 그가 오늘날 시행하고 있는 AOC의 창시자이다. 카퓌 위원은 보르도 출신으로 농학을 공부했고 자신이 직접 와인 생산자였던 까닭에 문제의 핵심에 접근할 수 있었다

까퓌 의원의 문제 해결방법은 간단했다. 지역별로 와인 생산업자들이 조직을 결성해서 나름의 기준을 만들게 한 것이다. 포도 재배 지역의 지리적 경계를 정하고 거기서 재배하는 포도의 품종과 재배 방법, 양조 방법, 알코올 도수, 그리고 단위면적당 생산량까지 일일이 정한 규정을 만들어 그 규정에 적합한 와인에만 원산지를 표기할 수 있도록 하는 것이다. 이것은 와인 사업자들의 자발적인 결정이었고 프랑스 정부는 이것을 그대로 반영해

서 1935년에 관계법을 공포했다. 이것이 AOC다. 그리고 AOC를 운용하는 기구가 이나오인데, 그것은 각 지방의 와인 사업자 대표들이 모인 기구이다. 이들은 서로 경쟁 관계에 있는 사람들이기 때문에 와인 품질 관리나 신규 허가에 대해 꼼꼼하고 까다로운 기준을 적용한다.

요컨대 각 지방마다 AOC 기준이 다르기 때문에 프랑스의 원산지명칭통제제도를 획일적으로 설명할 수가 없고, 그래서 외국인이 보기에는 다소 복잡한 느낌이 드는 것이 당연한 것이다.

프랑스의 AOC 제도는 와인에서 출발했지만, 현재는 치즈, 올리브, 쇠고기, 그리고 고추에까지 일부 적용될 정도로 중요한 농업제도로 확산되고 있다.

프랑스 와인이 오늘날 세계 시장에서 확고한 명성을 지키게 된 데는 AOC 제도가 중요한 역할을 했다는 것이 전문가들의 견해. 따라서 세계 여러 나라들에서 이 제도에 큰 관심을 보이는 일은 당연한 일인지도 모른다.

유럽연합은 프랑스의 제도를 기초로 원산지표시법을 제정해서 이미 15개 회원국 전체에서 의무적으로 실시하고 있고, 남미의 칠레는 이 제도의 기본틀을 도입하기 위해 프랑스 전문가를 초빙해서 기술지도를 받고 있다.

우리나라도 관계 부처에서 전문가들을 통해 이 제도를 연구하고 우리 실정에 맞게 고쳐서 녹차, 인삼, 쌀 등 주요 농산품에 이 제도를 도입할 준비를 하고 있는 것으로 알고 있다.

이렇게 따지고 보면 프랑스는 와인만 수출하는 것이 아니라 와인과 관련된 제도와 법규도 수출하는 셈이다. 유럽 최대의 농업국가이면서 와인 수출 세계 1위인 프랑스의 저력을 읽을 수 있는 대목이기도 하다.

프랑스 와인의 품질 등급

앞서 말한 것처럼 AOC가 와인에 품질 등급을 매기기 위해 만들어진 것은 아니지만 오늘날에는 와인의 등급을 나누는 기준으로도 널리 활용되고 있다.

프랑스 와인은 크게 AOC급 와인과 뱅 드 타블(Vin de Table)이라는 테이블 와인, 두 단계로 나눈다. 말 그대로 AOC 와인은 원산지를 표기할 수 있는 와인이고, 뱅 드 타블은 원산지를 표시할 필요가 없는 와인이다.

더 쉽게 설명하면 AOC 와인은 포도 품종부터 수확량, 양조 방법, 숙성 조건 등등을 모두 '이 지역의 와인은 이래야 한다'고 정해진 규정에 의해 만든 것이고, 뱅 드 타블은 특별한 규제가 없는 일반 와인이다. 따라서 뱅 드 타블은 원산지, 생산년도 등을 라벨에 표기하지 못한다.

프랑스 와인의 25%를 차지하는 뱅 드 타블은 AOC급에 속하지 못한 여러 밭들에서 모은 포도들로 만들고 대개의 경우 여러 산지의 포도들을 섞어서 입맛에 적절하게 만들기도 한다. 일부 유명 와인 산지들에서는 고급 와인을 생산하면서 남은 찌꺼기의 일부를 뱅 드 타블을 만들 때 섞기도 한다.

한 병당 2~3유로 내외면 살 수 있는 이 와인은 프랑스인들의 일상생활과 함께 늘 어울린다. 점심식사를 할 때 즐기기도 하고, 일반 가정에서는 커다란 통으로 양조장에서 직접 받아와 보관하면서 식사 때 곁들이기도 한다.

그러나 뱅 드 타블 중에서 일부는 비교적 넓은 지역이나 지방 이름을 기재하기도 한다. 이런 포도주를 가리켜 뱅 드 페이(Vins de Pays), 즉 지방 와인이라고 부르는데 뱅 드 타블보다는 조금 더 품질이 높은 편에 속한다. 프랑스 와인의 11%를 차지하는 뱅 드 페이는 지방 이름이 무려 140여 개나 있어서 복잡한 편이다.

그리고 뱅 드 페이 중에서도 하나의 포도 품종만으로 만든 이른바 뱅 드 세파쥬(Vins de Cépage)라는 것이 있는데, 와인을 품종별로 구별해서 시음 연습을 해보려는 사람에게 안성맞춤이다.

> 중요한 것은 프랑스 전체 와인 중 45%를 차지하는 원산지명칭 통제 와인, 즉 AOC급 와인이다. AOC, 즉 Appellation d'Origine Controlée 중에서 바로 'Origine' 자리에 원산지 명칭이 들어가고, 이 명칭의 종류는 430여 가지이다.

예를 들어 메독 와인을 보자. 원산지에 메독이라는 표시가 있다는 것은 메독 지방의 토양이나 기후 등의 자연적 특성, 그리고 전통적인 와인 생산 방법 등이 와인에 반영되어 있다는 뜻이다. 그리고 이것은 매우 까다롭고 긴 절차를 통해 검증된다.

어떤 새로운 와인이 자신의 원산지를 라벨에 표시할 수 있으려면, 즉 AOC급 와인이 되려면 그 절차가 보통 복잡한 게 아니다. AOC의 허가절차를 간단하게나마 살펴보면, 우선 비슷한 토질, 기후, 생산 방식을 가진 일정 지역의 와인 생산 농가들이 조합을 만든 다음 이나오에 허가를 신청한다. 그러면 이 기구에서는 허가를 신청한 지역과 관련이 없는 지역 출신으로 세 명의 심사위원을 선임하고, 이들의 지휘 아래 직원들의 상세한 조사가 진행된다. 이 조사라는 게 보통 몇 년씩 걸린다. 토질, 기후, 품종 등에 대한 과학적인 분석은 물론이고, 여러 해 동안 생산된 와인의 품질을 계속 관측하면서 적합성 여부를 조사한다. AOC 허가를 신청한 후 5~6년 정도 지나 허

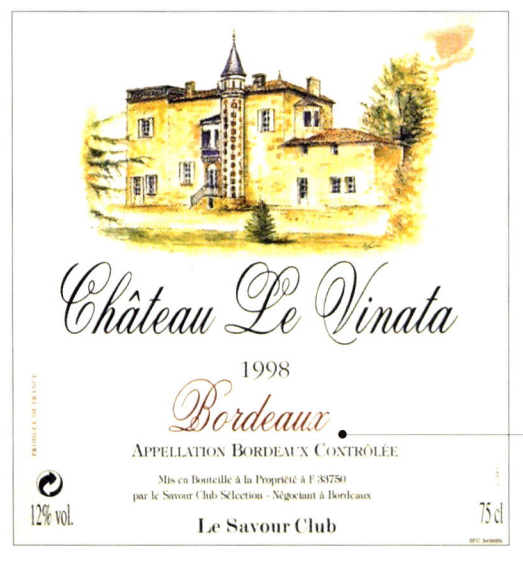

보르도 지방에서 생산되는 지방급 와인의 레벨. AOC의 Origine 자리에 'Bordeaux(보르도)'라고 씌어 있다.

가가 나면 빠른 편이고, 길면 20년 이상이 걸리는 경우도 있다. 그럴 수밖에 없는 것이 와인이라는 것이 날씨, 포도의 작황 등에 따라 맛이나 품질이 해마다 다를 수도 있기 때문이다. 따라서 수년 동안 계속 와인의 품질이 일정 수준 이상을 계속 넘어야 하기 때문에 조사 시간이 길어지는 것이다.

허가 사항은 원산지를 표시할 수 있다는 것에서 끝나는 게 아니다. 심을 수 있는 품종, 생산량, 알코올 도수 등등이 다 허가 사항이다. 나중에라도 그것에 맞지 않으면 허가가 취소된다. 한마디로 말해서 그 생산지가 가지고 있는 능력 이상의 와인을 만들 수 없게 되어 있는 것이다.

원산지를 표시할 수 있는 와인에는 VDQS(Vins Délimités de Qualité Supérieure)라는 것도 있다. 우리말로는 '우수 품질 한정 와인'이란 뜻인데, 이것 역시 AOC급 와인에 준하는 엄격한 규제하에서 생산되는 와인이다. 간략하게 말하면 AOC급보다는 조금 품질이 낮은 와인이라고 할 수 있는데, 대개 AOC급으로 올라갈 날을 기다리고 있는 와인이다. 프랑스 전체

부르고뉴 지방에서는 와인을 4등급으로 나누는데, 그 가운데 하나인 프리미에 크뤼급 와인의 레벨.

와인 중에서 VDQS는 비중이 2% 미만에 불과하다.

프랑스 와인의 품질등급을 요약하면 가장 좋은 것이 AOC, 두번째가 VDQS, 세번째가 뱅 드 페이, 네번째가 뱅 드 타블이다.

그런데 복잡한 것은 AOC 안에서이다. 앞서도 말했지만 AOC 규정은 각 지방마다 다르다. 새롭게 어떤 AOC급 와인이 생겼다고 해보자. 이나오의 국가위원회는 각 와인 산지들의 지방위원회와 협의해서 새롭게 선정된 AOC의 지역적 등급을 정한다. 이 지역적 등급이란 것이 AOC 명칭을 가진 와인의 품질 등급을 다시 세분화하는 기준으로 적용될 수 있다.

지역적 등급이란 넓은 지역을 포괄하면 지방급(AOC Régional), 작은 마을단위로 줄어들면 마을급(AOC Communal), 또 이 둘 사이에는 준지방급(AOC sous régional)이 있어서 모두 3등급으로 나누는데, 부르고뉴 지방만 독특하게 4단계로 나눈다.

> 보르도 지방을 예로 들어보면, AOC의 'Origine' 자리에 '보르도'가 씌어 있으면 지방(AOC Régional)급이다. 그리고 이보다 작은 지역들, 예를 들면 메독, 오메독, 그라브, 코트 드 부르그 등은 준지방(AOC sous régional)급이다. 이보다 더 작은 마을로 축소한다면, 마고, 포이악, 생테밀리옹, 포메롤 등은 마을단위(AOC Communal)급이다.

여기서 대체로 지역의 크기가 작아질수록 와인의 품질이 우수하다고 말할 수 있다. 이유는 간단하다. 같은 지역 안에 있더라도 특정한 마을이나 밭 이름을 명기한다는 것은 자신이 속한 지역과 구별되는 토양과 생산방식 등에서 뭔가 특징적인 것이 있기 때문이다. 우리 식으로 하면 '경기미'와 '이천쌀'의 차이이다. 이천쌀도 경기미지만 특별히 더 작은 지역 '이천'을 명기하는 것은 다 이유가 있지 않은가.

부르고뉴는 경작지 규모가 작은 와인업체들이 많이 있고 토양의 질도 다양해서 AOC 종류가 거의 100여 개에 달한다. 부르고뉴 와인의 등급은 지방단위(AOC Régional), 마을단위(AOC Communal), 프리미에 크뤼(Premier Cru)급, 그랑 크뤼(Grand Cru)급 등 4단계로 나뉜다. 뒤로 갈수록 품질이 좋은 것이다.

> 주의할 것은 다른 지역들간의 비교에서는 이런 기준이 절대적인 것은 아니라는 점이다. 예를 들면 부르고뉴의 프리미에 크뤼급과 보르도의 코뮈날급 와인을 놓고 어느것이 좋은 것인지 서열을 매기기는 어렵다는 뜻이다.

프랑스 포도주의 AOC 제도는 여러 생산 지역의 다양한 특성을 종합적으로 잘 고려한 합리적이면서 동시에 엄격한 제도지만, 프랑스 안에서도 너무 복잡하고 어렵다는 문제점을 지적하는 사람들도 있다. 실제로 너무 많은 명칭들과 섬세하게 짜여진 제도 때문에 프랑스 와인을 수출하는 데 어려움도 있다고 한다.

그러나 이 제도 덕분에 프랑스 와인은 우수한 품질을 유지하고, 과잉 생산을 통제해서 와인의 시장 가격 유지와 포도 농가들의 소득을 보장하고 있다. 또한 지역 특성과 생산 방식의 차이를 꼼꼼히 반영하는 원산지 표시는 소비자에게 와인에 대한 중요하고 상세한 정보를 제공해준다.

와인과 건강

파리에 있을 때 재미있게 시청한 프로그램의 한 토막을 소개한다.

100세 된 동갑내기 프랑스 노부부가 TV에 출연했는데, 결혼한 지 78년이 되었다는 이 노부부에게 사회자가 물었다.

"신혼 첫날이 엊그제처럼 느껴지지 않습니까?"

"아니, 엊그제가 아니라 오늘 아침처럼 느껴집니다."

참석자들은 모두 폭소를 터뜨렸다. 이렇듯 유쾌한 이 노부부에게 장수의 비결을 물으니 부부가 매일 한두 잔의 와인을 마시고 하루하루를 즐겁게 살아가는 것뿐 특별한 비결은 없다고 대답했다.

그러나 특별하지 않은 것에 핵심이 있는 법이다. 잘 먹고 잘 자고 즐겁게 지내는 것이 장수의 비결이라는 것은 누구나 알고 있다. 나 역시 와인을 즐기고부터 잠도 더 잘 오고 소화도 더 잘된다. 물론 이건 한 사람의 개인적인 느낌이지 일반화할 건 못된다. 하지만 과학자들이나 의사들이 발표하는 내용도 나의 경험과 크게 다르지는 않은 것 같다.

와인, 특히 레드와인에 들어 있는 폴리페놀이라는 성분은 심장의 모세혈관을 보호하고 뇌와 심장의 세포 손상을 방지한다고 한다. 해로운 콜레스테롤의 생성을 억제하고 피부암과 유방암의 발병률을 줄이는 데 도움을 준다는 발표도 들은 바가 있다.

그래서 와인을 즐기는 프랑스 사람들이 식습관이 비슷한 다른 유럽 사람들에 비해 심장병이 적다고 한다. 특히 미국인과 비교해서는 발병률이 10분의 1도 안된다고 한다. 고대와 중세에는 와인이 치료약으로 쓰였다는 것도 많이 알려진 이야기이다.

하지만 꼭 염두에 둘 것은 마시는 양이다. 와인도 술이다. 아무리 몸에 좋다고 하더라도 폭음은 나쁘다. 다른 술의 폭음과 마찬가지로 와인도 알코올중독, 간 손상 등의 위험이 있다.

적당히 마시는 것. 와인이 몸에 좋은 건 바로 이 적당히 마시는 와인의 음주문화 때문이라고 생각한다. 나는 와인을 과음하는 경우는 별로 보지 못하였다. 보통 와인은 음식을 먹을 때 대화를 즐기며 한두 잔 천천히 마시는 술이고, 와인만 마시는 경우에도 그 향과 맛을 음미하며 천천히 즐기기 때문이다.

와인 한 병은 750㎖이다. 1리터면 1리터지 왜 750㎖일까. 늘 그게 궁금했었는데 알고 보니 아주 간단했다.

와인병은 원래는 1ℓ 짜리였는데 제2차세계대전 이후에 지금의 750㎖짜리로 바뀌었다고 한다. 하루 두세 잔이 건강에 적당한 음주량이니 750㎖짜리 와인 한 병은 둘이 나눠먹기에 딱 좋은 양인 것이다.

또한 와인이 있는 식탁은 풍성하고 유쾌하다. 서로 대화하며 느긋하게 즐기는 식사. 와인이 건강에 도움이 되는 건 바로 그 때문이 아닐까? 밥이 보약이라는 말처럼 즐겁게 웃으며 천천히 하는 식사가 소화도 잘되고 건강에 좋은 것은 당연한 일이다. 와인은 바로 이런 식탁 문화를 도와준다.

하지만 가장 큰 장점은 와인이 생활에 즐거움을 준다는 것이라고 생각한다. 물론 의학적인 효과도 크겠지만 와인이 주는 즐거움과 정신적인 안정에 비할 바가 아닌 것 같다. 마음이 건강하면 몸이 건강한 법이다. 앞에서 말한 100세 노인도 그저 와인과 더불어 생활을 즐겁게 하는 것이 장수의 비결이라고 하지 않았던가.

프랑스 사람들이 얼마나 와인을 좋아하는지 보여주는 이야기가 있다.

1960년대 이스라엘과 아랍권 전쟁이 한창일 때 프랑스 기자들이 이를 취재하다가 베이루트에서 투옥되는 사태가 발생했다. 프랑스 정부는 외교 채널을 통해 기자들의 석방을 위해 노력했다. 하지만 모든 노력이 수포로 돌아가고, 결국 기자들은 1년 이상의 감옥 생활을 했다. 우여곡절 끝에 드디어 1년 만에 석방된 이 종군기자들 앞에 보도진이 몰려들었다. 중동의 혹서를 견디며 외국의 감옥에서 1년 이상을 어떻게 버텨왔느냐고 묻자, 한 기자가 이렇게 대답했다.

"힘들 때마다 와인 마시는 즐거움을 상상했습니다. 석방이 되면 내 고장 보르도의 그 향기로운 와인을 마실 수 있을 거라는 희망과 기대 때문에 고통도 이겨낼 수 있었죠."

이 얘기를 듣고 나니 프랑스 사람들의 낙천적인 기질이 바로 와인 문화가 만들어준 것이 아닌가 생각되었다.

와인이 주는 즐거움, 그 즐거움이 주는 정신 건강, 그것이 주는 육체의 건강. 이것이 와인이라는 붉은 액체가 주는 선물이다.

# 4부 와인, 제대로 즐기자

와인을 즐기는 법
눈·코·입·뇌의 하모니

와인을 모르던 시절에 아내는 프랑스 사람들이 수선스럽게 와인을 마시는 걸 불만스러워했다. 그들은 와인을 마실 때 와인잔을 빙글빙글 돌려보며 냄새를 맡고, 와인을 머금은 채 입 안에서 이리저리 굴리고 휘파람 소리를 내기도 한다. 음식을 먹을 때는 조용히 입을 벌리지 말고 먹어야 한다고 교육받은 입장에서는 그런 모습이 점잖지 못하게 느껴지기도 했을 것이다.

와인 즐기는 방법을 설명하면 술 한잔 마시는 것이 뭐가 이리 복잡하냐고 하는 사람도 있고, 마시는 게 유난스러워서 와인이 싫다는 사람도 있다. 맞는 말이다.

> 와인 마시는 절차가 복잡하고 까다로워서 긴장이 된다면 어떻게 와인을 즐기겠는가. 이렇게 되면 이건 도대체 와인을 '마시는' 건지 와인을 '모시는' 건지 알 수 없게 되어버린다.

하지만 대부분의 프랑스 사람들은 와인을 그렇게 마신다. 누가 시키거나 지켜보아서가 아니라 혼자 와인을 즐길 때도 색을 보고 향을 맡고 맛을

알베르 비쇼 사의 샤블리 공장의 양조 기술자에게 백포도주에 관한 설명을 듣고 있다.

음미한다. 그건 와인을 진심으로 좋아하기 때문이다.

좋아하는 마음이 있으면 그것이 행동으로 우러나는 법이라고 하지 않는가. 좋아하는 사람이 내 앞에 앉아 있다고 생각해보자.

매일 보는 연인이라고 해도 볼 때마다 새로울 것이다. 그 사람에게서 나는 샴푸 냄새, 이마에 내려진 머리카락 한 올, 웃을 때 살짝 생기는 잔주름까지 모든 게 다 눈에 담고 싶고 만져보고 느끼고 싶을 것이다. 못보던 귓불의 작은 점이라도 새로 발견하면 그 역시 귀엽고 신기하다. 싫은 사람이라면 눈을 마주치는 것조차 고역이겠으나, 사랑하는 사람이라면 매일 그렇게 찬찬히 뜯어보고 정성을 들여 매만져도 귀찮거나 질리지 않는다. 와인을 즐기는 사람도 그것과 마찬가지이다.

나에게 와인을 즐기는 법을 가르쳐준 사람은 알베르 비쇼 마케팅 담당 이사인 자말이라는 사람이었다. 자말은 화학박사인데 와인을 알고 난 후 인생이 새롭게 시작되었다고 말할 정도로 와인 애호가이다. 그는 항상 와인을 마시기 전에는 뭔가 숙연함을 느끼게 된다고 한다. 복잡하고 오묘한

과정을 거쳐 자신의 테이블에 올려진 와인과의 인연에 특별한 의미를 부여하고 있었다.

그가 말해주는 와인 마시는 법은 이렇다.

먼저 눈으로 와인의 색깔을 감상한다. 여러 각도에서 관찰을 하면서 뿜어내는 색상의 신비함과 투명함을 뇌로 보낸다.

눈으로부터 메시지를 받은 뇌는 과연 향기를 어떻게 풍기고 있는지 맡아보라는 명령을 코에 보낸다. 뇌에게서 지시를 받은 코는 와인이 품어내는 갖가지 향내를 감지한다. 각종 과일과 꽃 향기, 그리고 오랫동안 오크통 안에서 숙성된 알 것도 같고 모를 것도 같은 향에 대한 느낌을 그대로 뇌로 전달한다.

코로부터 이런 느낌을 전해 받은 뇌는 혀로 급히 명령을 보내 빨리 한 모금 마셔서 지금까지 눈과 코가 보낸 메시지를 확인해보라고 지시한다.

혀는 입을 통해 들어온 와인을 혀의 각 부분에 보낸다. 입 속의 와인을 조심스레 씹어본다. 휘파람을 불 듯이 입술을 오므리고 한 모금 공기를 들이마시기도 한다. 그러면서 와인의 맛과 질감을 느끼는 것이다.

이런 느낌은 그대로 뇌로 전달되고 뇌는 눈과 코와 혀가 느낀 느낌을 종합하여 최종판단을 한다.

와인을 만드는 과정이야말로 신을 인정하고 신에게 순응하는 과정이라고 말하는 자말. 그에게 와인은 세상의 그 어떤 애인보다도 더 사랑스러운 존재일 것이다.

와인은 무조건 오래 묵히면 좋은 것일까?

한 병에 1억 원이 넘는 100년 이상 된 와인 얘기가 매스컴에 종종 소개되곤 한다. 그렇다면 와인은 오래될수록 맛이 좋은 것일까? 물론 생산 첫해보다는 숙성이 된 다음해의 맛과 향이 더 낫다. 하지만 해가 갈수록 계속 나아지기만 하는 것은 아니다.

와인에는 라이프 사이클이 있고 그 사이클은 와인마다 다르다. 즉 와인에 따라 자기 인생의 절정기가 있다는 뜻이다. 보르도 지방 고급 와인은 생산된 지 15년, 보통 레드와인은 5년, 보졸레 와인은 2~4년이 절정기이다. 그때쯤이 가장 자신의 향과 맛을 뽐낼 수 있는 시기이며, 더 오래되면 맛이 퇴화된다. 흔히 마시는 5만 원 미만의 보통 와인은 생산된 지 5년 이내에 마시는 것이 좋다.

그렇다면 1억 원이 넘는다는 와인은 왜 그런 걸까? 그건 역사성과 희소성 때문이다. 예전 사람들이 간장종지로 쓰던 그릇도 지금은 골동품으로 비싸게 거래되듯이 와인 자체의 가치라기보다는 그 안에 담긴 시간의 가치를 인정해주는 것이다.

와인을 사러 갔다
와인 선택 조언

와인숍에 가보면 어쩐지 고즈넉하고 중후한 분위기를 느낄 수 있다. 나란히 누워 있는 와인들 한 병 한 병에 깃들인 역사 때문일까? 천천히 와인을 둘러보다가 마음에 드는 와인을 한 병 골라 들고 나올 때면 술 한 병의 무게가 손 안에 꽉찬다. 그만큼 마음이 뿌듯하다.

하지만 와인의 종류는 너무나 많다. 어떻게 하면 마음에 딱 드는 와인을 잘 고를 수 있을까.

일단 왜 와인을 사는지 생각해보자. 만일 선물을 하기 위한 것이라면 당사자의 취향을 미리 알아두는 것이 좋다. 그리고 선물을 받을 사람이 평소에 즐기는 와인보다는 한 단계 높은 등급의 와인을 사는 것이 당연한 예의다.

자신이 즐기기 위해서라면 가벼운 와인부터 시작하는 것이 좋다.

> 와인 초보자라면 가볍고 경쾌한 맛의 라이트바디드(light-bodied)한 타입이 마시기 쉬울 것이다. '라이트바디'란 입 안에 감지되는 와인의 느낌이 산뜻하다는 뜻이다.

또한 상큼하고 과일향이 풍부하게 느껴지는 화이트와인이 레드와인보다

뵈브 클리코 퐁샤르뎅 사의 쇼룸에 전시된 각종 발효성 와인과 잔.

초보자에게는 덜 부담스럽다.

> 와인에 익숙한 사람들이라면 미디엄바디드(medium-bodied)한 것에서 나중에는 풀바디드(full-bodied)한 스타일을 찾게 된다. 풀바디드한 와인은 와인만이 가진 복합적이고 진한 맛이 입 안을 가득 채워주는 느낌을 준다.

테이블 와인으로 마시는 레드와인은 보통 '풀바디드'하다.
 하지만 이것은 보통 그렇다는 얘기이지 이 순서를 따라야 한다는 뜻은 아니다. 사람에 따라서는 처음부터 묵직한 와인이 입에 맞을 수도 있다. 입맛처럼 다양하고 제각각인 것이 어디 있겠는가. 그러니 좋은 와인이라는 것도 사람마다 다를 수밖에 없다. 비싼 와인은 물론 비싼 만큼 품질이 좋지만 내 입맛에는 안맞을 수도 있다. 반대로 질이 조금 떨어진다는 품평을 받는 와인이 내 입에는 아주 만족스러울 수도 있다.

고급 샴페인 등은 포장도 고급 wooden box로 만들어 그만큼 비싸게 팔려나가고 있다.

어떤 것이 내 입에 맞는 와인일까를 알아내는 데는 왕도가 없다. 지역별, 품종별, 등급별로 많이 마셔보는 수밖에. 이것저것 많이 마시다보면 와인에 대한 나름의 평가 기준도 생기고 와인을 느끼는 감도 생긴다.

와인을 구입하거나 레스토랑에서 주문할 때 가장 먼저 정해야 할 것은 레드와인을 마실 것인가, 화이트와인을 마실 것인가 이다. 그 다음에는 어느 나라, 어느 지역 와인으로 할 것인가 를 정한다.

물론 지역별 와인의 특성을 알면 결정하는 데 어렵지 않을 것이다. 그리고 마지막으로 그 범위 안에서 와인의 가격대를 고려해 와인을 선택하면 된다. 와인 애호가라면 빈티지와 양조장 등을 꼼꼼히 고려하면 후회가 없다.

다른 술과는 달리 와인을 살 때는 망설이는 사람들이 많다. 와인을 잘 모른다는 이유로 밖에서만 와인숍을 기웃거리다 돌아선 경험이 누구에게나 있을 것이다. 하지만 잘 모른다고 해도 와인숍에 들어서는 걸 망설일 이유가 없다. 와인숍에서 일하는 사람들은 와인에 대해 충분히 공부한 사람들이다. 모르면 그들에게 물어보면 된다.

　그리고 와인을 사러 갔다가 빈손으로 돌아오더라도 너무 실망할 것은 없다. 와인숍에 가서 명품 와인들을 구경하고 그 라벨을 읽어본 것만으로도 큰 공부를 한 셈이다.

어떤 와인이 좋은 와인입니까?

와인은 음식물이기 때문에 자신의 입에 맞으면 좋은 와인이다. 하지만 변질되었거나 객관적으로도 질이 좋지 않은 와인도 있다. 좋은 와인은 일반적으로 다음과 같다.

▶ 불순물이 없고 투명하며 반짝반짝 빛나야 한다.
▶ 코르크 썩은 냄새나 곰팡이 냄새가 나면 변질된 것이다.
▶ 포도 품종의 고유한 향인 아로마와 숙성 과정에서 우러나는 부케가 느껴져야 좋은 와인이다. 저급 와인은 향기가 약하고, 고급 와인일수록 복합적인 향기가 지속된다.
▶ 떫은 맛, 신맛이 너무 도드라지면 숙성이 덜 된 것이고, 부드러운 맛, 신맛, 떫은 맛이 어느것 하나 튀지 않고 조화를 이룬 것이 균형 잡힌 좋은 와인이다.
▶ 와인을 삼킨 후 여운이 길어서 풍미와 맛이 오래 지속될수록 좋은 와인이다

와인을 선물받았다
와인의 보관

와인을 아직도 상류층에서나 즐기는 술이라고 생각하는 사람들이 많다. 아마 천문학적으로 비싼 와인들이 매체에 가끔 소개되어서인 것 같다. 그런데 사실은 그렇게 비싼 것이 아니라도 즐길 만한 좋은 와인들은 얼마든지 많다.

와인을 부담스러워하는 또 하나의 이유는 일반 가정에서 와인을 보관하기가 힘들다는 점 때문이 아닌가 한다. 흔히 와인셀러라고 불리는 와인 보관용 냉장고가 시중에 나와 있어 이제는 가정에서도 쉽게 와인을 보관할 수 있지만 가격이 또한 만만치 않다.

프랑스인들이 자랑하는 것 중 하나가 집 지하에 만들어둔 자신만의 카브에 대를 이어가며 여러 가지 와인을 수집해 보관해두는 것이다. 그리고 특별한 날에 아껴왔던 오래된 와인으로 가족끼리, 친구들끼리 축배를 든다.

우리도 자기만의 카브를 가져보면 어떨까. 보통 일반 주택이라면 지하실을 이용하는 것이 가장 좋고, 지하실이 없을 경우엔 계단 밑이나 다용도실 등 후미진 곳을 이용하면 된다. 아파트라면 온도 변화가 심하지 않고 빛이 들지 않는 곳을 잘 찾아봐야 한다.

흔히들 비싼 와인을 자랑삼아 거실의 진열장에 보기 좋게 진열해두는데

그건 옳지 않은 방법이다. 일반 냉장고에 넣어두는 것도 와인을 저장하는 방법으로는 좋지 않다

와인의 맛을 최적으로 유지하기 위해서는 우선 온도에 신경써야 한다. 최적온도는 13도이지만, 좀 서늘한 정도의 상온이라고 생각하면 된다. 너무 강한 열을 쬐면 와인이 상하게 되고, 너무 추워서 와인이 얼어도 맛이 변질된다. 직사광선도 와인의 적이다. 빛을 받으면 와인이 너무 빨리 숙성되어 식초로 변할 수 있고, 그보다 먼저 라벨이 바래진다. 습도가 너무 높으면 곰팡이가 생기고 너무 낮으면 코르크가 마른다. 진동이 있어서 와인이 흔들리는 곳도 피해야 한다.

그런데 무엇보다 중요한 것은 와인병을 눕혀놓아 코르크가 와인에 젖어 있도록 해야 한다는 것이다. 이는 코르크가 마르면 갈라져서 공기와 박테리아가 병 안으로 들어가 와인이 상할 수도 있기 때문이다.

이런 것들을 만족할 만한 곳이 어디인지 자신의 집을 구석구석 살펴보면 완벽하지는 않으나마 적합한 곳을 찾을 수 있을 것이다. 보통 난방을 하지 않는 서늘한 방에 상자에 넣어서 보관하거나 장롱의 윗부분에 눕혀 보관하기도 한다. 집 안에 창고가 있다면 지저분하지 않는 한 그곳도 좋다.

와인이 남았다면 어떻게 할까?

귀하고 비싼 와인이라면 두고두고 아껴먹고 싶은 마음도 있겠지만 답은 "남기지 말라"이다.
그래도 어쩔 수 없이 남았다면 공기와 접촉하는 것을 최소화하는 방법을 찾아야 한다. 작은 병으로 옮겨 와인이 병에 꽉차게 해서 마개를 꼭 막아두는 방법도 있고, 기구를 이용해 병 안의 공기를 빼서 보관하는 방법도 있다. 와인 숍에 가면 먹다 남은 와인을 보관할 수 있는 코르크 마개도 있고, 와인병에 공기를 빼주는 베큠 세이버라는 기구도 있다.
이렇게 잘만 보관하면 1주일 정도는 맛이 변하지 않는다. 하지만 그 이상 되었거나 보관이 잘못되었다면 버리지 말고 생선이나 고기 요리에 이용해보는 것도 좋다. 요리에 와인을 사용하면 냄새도 없어지고 맛도 부드러워진다.

식당에서 와인을 주문한다

"와인은 뭘로 하시겠습니까?"

더 이상 이러한 질문에 주눅들지 말자. 와인 리스트를 보고 그중에서 와인을 고르면 된다. 고급 수준의 레스토랑에 가면 음식 차림표와는 별도로 준비된 와인 리스트를 가져오고, 중간급 레스토랑의 경우는 음식 차림표의 뒷부분에 와인 리스트가 붙어 있다. 대중 식당인 경우 더 간단할 수도 있지만 하여튼 와인을 고르라고 하는 식당에는 당연히 와인 리스트가 준비되어 있다.

와인 리스트에는 그 식당에 준비되어 있는 와인들의 관련 정보와 가격이 적혀 있다. 프랑스의 관련 법규에 따르면 레스토랑의 와인 리스트에 반드시 기재해야 하는 의무 표기 사항들은 AOC급 와인인지의 여부, 그런 경우 원산지의 명칭, 소비자 가격 등이고, 나머지 사항들은 권고사항이거나 레스토랑이 필요에 따라 자율적으로 기재한 것이다. 자세한 생산 지역 이름이나 양조장 이름, 생산년도가 적혀 있는 경우는 정통 요리를 즐기는 고급 레스토랑에서나 볼 수 있다. 제대로 격식을 갖춘 최고급 식사를 하는 경우에 최고급 수준의 와인을 고르게 되고, 따라서 소비자가 적절한 선택을 하기 위한 상세한 정보가 필요한 것이다.

와인 리스트에는 와인을 일반 와인, 거품 와인, 증류주 그리고 기타 종류로 크게 구분해서 기록해놓고 있다. 거품 와인은 대개 리스트의 맨 앞에 아페리티프(aperitif), 즉 식전주란에 여러 종류의 칵테일이나 당도가 많은 와인 등과 함께 수록되는 경우가 많다.

일반 와인은 색깔별로 나누어서 수록하는데, 대개는 화이트와인, 레드와인, 분홍색의 로제와인 순서로 수록한다. 그리고 각각에 대해 생산지역, 즉 보르도, 부르고뉴, 코트 드 론, 알자스, 루아르 등을 구분해서 표시하고, AOC 와인인 경우, 해당 원산지통제명칭을 기록한다.

물론 각 와인의 소비자 가격을 표시하는 것은 의무적인데, 대개 레스토랑은 세금과 서비스 비용 등을 고려해야 하기 때문에 시중 가격의 두 배 이상 수준이다.

프랑스의 식사는 직장인들이 점심에 간단하게 먹는 경우를 제외하면, 최소한 전식, 본식, 후식의 세 단계로 구성된다. 식사를 각 단계별로 선택해서 주문했으면, 그 다음은 와인을 고를 차례다. 와인을 고르는 표준 방법이라고는 할 수 없지만 경험을 통해 얻은 무난한 선택 방법은 다음과 같다.

우선 전식은 대개 가벼운 음식들이므로 화이트와인이 무난하다. 물론 화이트와인도 여러 종류인데 대개는 드라이한 화이트와인이 무난하다. 여름에 테라스에 차려진 식탁이라면 로제와인도 좋다. 전식에서는 한두 잔 정도면 충분하므로 사람수를 고려해서 작은 병을 주문해도 좋다.

그밖에도 가메(Gamay) 품종으로 만든 보졸레 계통의 레드와인이나 코트 드 론의 레드와인도 어울릴 수 있다.

본식에서는 대개 레드와인이 적당하다.

생선요리를 주문하는 경우 전식에 이어 계속 화이트와인을 곁들여도 좋지만, 생선요리나 가금류 요리에 화이트와인을 고르는 것은 권고사항일 뿐 꼭 따라야 하는 원칙은 아니라는 점도 고려하기 바란다.

만일 한 사람은 쇠고기 요리를 주문하고 다른 사람은 생선 요리를 주문한 경우 어떻게 할까 망설여진다. 와인을 각자 따로 주문해야 할까?

이럴 때는 두 사람에게 공평하게 가벼운 레드와인을 선택하는 것이 좋은 방법이다. 크뤼 드 보졸레(Cru de Bojaulais) 중에 하나를 고르거나 루아르 지방이나 코트 드 론 지방 레드와인이 무난할 것 같다.

그래도 잘 모르겠고 어렵다고 생각되면 레스토랑의 웨이터에게 문의하는 것이 가장 좋은 방법이다. 웨이터는 손님이 선택한 음식들을 고려해서 와인을 추천해주기 때문에 실패할 확률이 적다. 웨이터에게 와인을 골라달라고 하면 터무니없이 비싼 것을 고를까 봐 망설이는 사람도 많은데 너무 염려하지 않아도 된다. 그들은 대개 음식의 가격 수준을 고려해서 와인을 선택해주기 때문이다. 만일 골라준 와인이 비싸다고 생각되면 다른 것으로 하자고 얘기하면 그뿐이다.

    소믈리에(Sommelier)라는 프랑스 용어가 널리 알려지면서 프랑스 레스토랑에 가면 자주 이 레스토랑에는 소믈리에가 없느냐고 묻는 경우가 있다. 소믈리에는 와인을 산지에서 구매하고, 관리하고, 손님의 선택을 도와주는 등 와인 관리와 서비스를 제공하는 전문 직업인으로 아주 고급 레스토랑에서 일한다. 하지만 일반 레스토랑에서도 소믈리에는 아니지만 나름대로 와인을 관리하고 서비스를 할 수 있는 기본적인 지식을 갖춘 웨이터들이 많이 있다.

    레스토랑에서 와인을 고를 때 긴장할 이유가 없다. 경제적으로 무리하지 않는 수준에서 앞에서 말한 무난한 방식을 따르면 충분하고, 결정이 쉽지 않다면 웨이터나 지배인의 도움을 얻으면 된다.

소믈리에란?

와인과 관련한 직종으로 가장 잘 알려진 것이 소믈리에다. 소믈리에는 고급 레스토랑의 주방장과 같은 지위에 있는 중요한 사람으로, 와인 구매, 선정, 보관, 관리를 총괄하며, 레스토랑의 와인리스트를 작성한다. 레스토랑을 찾은 손님에게 와인 선택에 대한 조언을 해주고 직접 서비스를 하기도 한다. 또한 요리사와 함께 일하면서 와인과 음식의 조화를 이루어내는 사람이다.

소믈리에는 관광 또는 요리 전문교육기관에서 요구되는 수준의 학위를 얻은 후, 일정 기간 동안 일정 규모 이상의 레스토랑 또는 와인 관련 분야에서 근무한 경력을 갖춘 뒤에, 소믈리에 협회의 자격심사를 거쳐야 한다. 한국에서는 아직까지도 전문적인 소믈리에를 국제적인 특급호텔이 아니고서는 만나보기가 힘들다. 그러니 점차 그 수가 확산되고 있는 추세이다.

와인은 주인이 먼저 시음한다

와인 매너에는 호스트 테스트라는 것이 있다. 말 그대로 주인이 먼저 와인을 시음해보는 것이다. 와인의 역사가 수천 년에 이르다보니 와인과 관련된 여러 가지 복잡한 격식들이 생겨났지만 따져보면 이유 없는 것이 없다. 복잡해 보이는 절차와 예절도 오랜 역사 속에서 만들어진 하나의 문화인 것이다.

와인의 질은 보관이 좌우한다고 해도 과언이 아니다. 발효가 끝난 후 숙성을 거치고 나면 산소와의 접촉을 끊고 보관을 잘해야 한다. 그렇지 못하면 쉽게 산화되어 와인이 아니라 포도식초로 변해버린다.

이삼백 년 전 와인 산업이 초보 단계에 있을 때 가정이나 식당에서 와인을 마실 때 제일 큰 문제는 '과연 와인이 맛이 변하지 않고 그대로 있느냐' 하는 것이었다. 그래서 손님을 초대했을 때는 귀한 손님에게 상한 와인을 대접하는 실수를 하지 않기 위해서 반드시 주인이 먼저 맛본 후 대접을 했다.

이것이 지금까지 이어지고 있는 것이지만 호스트 테스트의 유래에 대한 다음과 같은 다른 설도 있다.

중세 유럽의 역사는 전쟁의 역사이다. 누가 많은 영토를 차지하느냐가

국가의 부의 기준이 되므로 땅을 뺏기 위한 전쟁이 그치지 않았다. 그런 시대에는 누가 적이 될지 알 수 없다. 그래서 협상 테이블에서 식사를 할 때도 물 한 모금 마시는 것도 독살의 위험이 있지 않을까 상호 경계하고 신경을 쓰게 되었다. 이 때문에 상대방을 안심키시키 위해 초대한 쪽에서 먼저 잔을 들어 맛을 보고 안심을 시킨 후 상대에게 권했다는 것이다.

그럴듯한 이야기이다. 지금은 물론 생명의 위협을 받으면서 적장과 식사를 할 리도 없고 변질된 와인을 식탁에 내놓는 일도 적겠지만 호스트 테스트의 전통은 남아 있다.

집에 손님을 초대했을 때는, 와인을 서브하기 전에 주인이 먼저 시음을 한다. 이때 시음하는 사람과 서브하는 사람은 달라야 한다.

레스토랑에서는 와인을 주문한 사람이 시음을 하는 것이지만 반드시 그래야 하는 것은 아니고 다른 손님에게 권해도 좋다. 시음자는 와인의 라벨을 보고 확인을 한 다음 약간을 잔에 따르게 해서 시음한다. 식당에서 와인을 주문하면 웨이터는 반드시 주문한 와인을 가지고 호스트에게 와서 확인을 시킨 후 서브를 시작하게 되어 있다.

하지만 이런 시음을 너무 거창하거나 심각하게 해서 모두의 시선을 끄는 것도 예법에는 어긋난다. 시음은 조용하고 가볍게 해서 함께 참석한 손님들이 어색해하지 않도록 해야 한다.

집에 손님을 초대했다 와인 서비스

레스토랑에 가면 전문적인 웨이터가 와인을 서브해주지만 내 집에 손님을 초대한 경우라면 모든 것을 알아서 해야 한다.

대접할 식사에 어울리는 와인들을 준비하는 게 첫째이다. 그런데 만일 여러 종류의 와인을 준비했다면 스위트한 것보다는 드라이한 것을, 레드와인보다 화이트와인을 먼저 대접하며, 보관 기간이 오래되고 무거운 느낌의 와인보다 보관 기간이 짧고 가벼운 와인을 먼저 내와야 한다. 그렇게 따져보면 맨 나중에 나오는 와인이 가장 고급 와인이 된다.

또 이렇게 여러 종류의 와인을 접대할 것이라면 각각의 와인잔들을 구별해서 미리 각 사람 앞에 준비해두어야 한다. 화이트와인은 차갑게, 레드와인은 상온으로 제공하는 것이 정석이지만 지나치게 차갑게 하면 와인의 맛과 향이 줄어든다. 전통적으로 화이트와인과 로제와인은 얼음통에 넣어 서비스한다.

와인의 적정 서비스 온도는 다음과 같다. 샴페인 등 거품 와인은 7~8도, 드라이한 화이트와인이나 로제와인은 10~12도, 가벼운 레드와인은 13~15도, 부르고뉴나 보르도 지방의 무거운 레드와인은 15~18도 정도이다. 전문 레스토랑이 아닌 집에서 이처럼 와인마다 온도를 다르게 한다는 건 사

고급 식당에서는 샴페인이나 와인을 얼음에 담가 온도를 조절해서 제공하는데, 맛을 물총 분위기도 한결 어울린다.

실 어려운 일이다. 하지만 그만큼 신경을 쓰고 정성을 기울이면 더 좋은 와인 맛으로 보답받을 수 있다.

마시기 전에 병 마개를 미리 따두는 이른바 샹브레(Chambré)는 와인의 온도가 방안 온도에 적응하도록 하는 것인데, 특별히 온도 문제가 없다면 미리 따지 않아도 좋다. 와인에 따라서는 미리 병마개를 열지 않는 것이 좋은 것들도 있다. 특히 부르고뉴의 코트 드 본 화이트와인은 오묘하고 진한 향을 느끼는 것이 중요하기 때문에 샹브레는 하지 않는다.

와인병을 따는 것은 익숙하지 않은 사람에게는 의외로 어렵다. 병을 따다가 코르크 마개를 부러뜨리는 사람도 있고, 스크류를 밀어넣다가 코르크를 와인병 안으로 빠뜨리는 사람도 있다. 이런 실수를 하지 않으려면 코르크 스크류를 약간 사선으로 밀어넣고 부드럽게 빼내면 된다. 요즘에는 와인병을 좀더 쉽게 딸 수 있도록 고안된 코르크 스크류들도 여러 종류가 나와 있다.

마개를 딸 때 더 주의해야 하는 경우는 샴페인이다. 샴페인 병 내부에는 압력이 있어 마개가 튕겨져 날아가 누군가에게 피해를 줄 수도 있다. 샴페인을 딸 때는 포일을 제거한 후 철사를 돌려 따면서 동시에 손으로 코르크

마개를 잡는다. 그리고 코르크 마개는 고정시킨 채 다른 손으로 병을 잡고 병을 돌려준다. 그러면 마개가 조금씩 빠져나오며 병 안에 가득했던 탄산가스가 빠져나가는 것을 느낄 수 있을 것이다. 그리고는 코르크 마개가 다 올라왔을 때 마개를 젖혀주면 '펑' 소리와 함께 가스가 나오고 술은 넘치지 않는다. 마개가 튕겨 날아가고 술이 다 넘쳐 쏟아지는 병따기는 올바른 방법이 아니다.

식탁에 모두 앉으면 첫 잔은 초대한 주인이 모든 사람들에게 따라주면 좋다. 따르는 양은 잔의 3분의 2를 넘지 않도록 하며 병목 부분이 잔에 직접 닿지 않도록 하면서 따른다. 그 다음부터는 서로 잔을 권해가면서 식사를 즐긴다.

식사 때만 와인을 마시는 것은 아니다. 그저 한잔하기 위해 친구들을 초대할 수도 있다. 와인을 준비했다면 안주는 프로마즈(치즈)가 좋다. 이것이 없다면 맛이 강하지 않은 과일이나 올리브 열매도 나쁘지 않다. 그러나 우리가 흔히 맥주 안주로 먹는 땅콩, 오징어, 김 등은 와인에 어울리지 않는다.

이처럼 손님들을 집으로 초대해 와인을 곁들인 식사를 대접한다는 것은 조금은 번거로운 일이다. 하지만 와인 한 병이 식탁 위에 올려짐으로써 높아지는 식탁의 품격을 생각한다면 이 정도의 수고는 당연한 것이 아닐까.

와인 안주로는 치즈가 가장 좋다는데, 왜 그럴까?

치즈와 와인은 둘 다 발효식품으로 역사나 만드는 방법이 너무나 유사해서 가장 좋은 동반자로 여겨져왔다. 어떤 와인에 어떤 치즈를 택할 것인가는 각자의 취향인데 일반적으로 고르는 방법은 있다. 우선 와인의 성격과 치즈의 성격이 같은 것을 고른다. 예를 들어 어리고 산뜻한 맛의 와인은 그와 비슷한 치즈를 고르면 된다. 오래 숙성된 와인은 치즈 역시 오래 숙성시켜 원숙한 맛의 치즈가 어울린다. 향과 바디가 강한 와인은 강한 맛의 치즈를 만났을 때 제 맛을 낸다.

같은 지역에서 나는 치즈와 와인을 매칭시키는 방법도 있다. 오랜 세월을 두고 그 지역에서 즐겨온 만큼 실패 확률이 적을 것이다.

우아하게 와인을 마시자

와인 에티켓

우리 술에 주도가 있듯이 와인 마시는 데에도 예법이 있다.

우선 자신의 잔에 누군가 와인을 따라줄 때는 잔을 손으로 들지 않고 식탁 위에 그냥 둔다. 우리 식으로 하면 술을 받을 때는 잔을 들어야 하지만 와인은 다르다. 그렇다고 누군가가 술을 따라주거나 말거나 쳐다보지도 않는 것도 미안한 일이니 따라주는 동안은 잔을 응시하면 된다.

와인을 마실 때는 한 번에 마시고 잔을 비우는 경우는 없다. 보통의 와인잔은 술잔치고는 큰 편이다. 또 그랑 크뤼급 고급 와인을 주문하면 무척 커다란 잔을 준다. 이것은 공기 접촉면을 많게 해서 와인의 향을 더 많이 퍼지게 하기 위한 것일 수도 있고 최고급 술을 마시는 최고급 손님에 대한 나름의 배려이기도 하다. 한 잔의 양이 적지 않으니 이른바 원샷을 할 수도 없다. 게다가 와인은 음식을 먹기 위한 음료의 하나이니 한꺼번에 마신다는 건 어색한 일이다.

와인잔은 다리를 잡는다. 잡기 편하도록 다리가 길게 되어 있으니 굳이 불편하게 몸체를 잡지 않도록 한다.

와인에 얼음을 넣으면 색이나 향이 변할 뿐만 아니라 와인의 온도도 떨어진다. 애써 만들어낸 색과 향을 변하게 하고 신경써서 적정 온도로 서브된 와인을 망치면서까지 얼음을 넣는 사람은 없을 것이다. 그리고 와인은 희석해 마실 만큼 알코올 도수가 높은 술도 아니다.

설마 와인잔을 돌리는 사람이 있을까 하는 생각도 들겠지만, 어쨌든 와인을 마실 때는 잔은 돌리지 않는다. 사실 어떤 술이든 간에 잔을 돌리는 것은 좋지 않은 습관이다.

고급 레스토랑이라면 직원이 자주 식탁을 돌아보며 잔이 빌 무렵이면 따라주지만 그렇지 않은 경우는 식탁에 함께한 사람이 상대방이나 곁에 있는 사람에게 따라주는 것이 좋다.

한국에서 소주를 마실 때는 상대방의 잔이 빈 것을 보고 따라주고, 받는 쪽에서도 혹 잔에 아직 술이 조금 남아 있으면 마저 마시고 빈 잔으로 술을 받는 것이 예의지만 와인은 조금 다르다.

와인은 상대방의 잔에 와인이 약간 남아 있을 무렵에 권한다. 우리 식으로 말하면 첨잔인데, 식사 도중에 와인의 종류가 바뀌지 않는 한 잔이 완전히 비워지기 전에 권하는 것이 좋다. 와인잔이 비었는 데도 옆사람이 모른다면 상대에게 그만큼 무신경하다는 뜻이기 때문에 실례가 된다.

와인을 권할 때는 병을 살며시 들어 상대에게 눈빛을 주거나 "좀더 하시지요"라고 말하고, 받는 쪽에서는 약간 고개를 숙이는 정도로 응답하면 된다. 이미 충분하다고 생각되면 그저 감사하다고 말하고 정중히 거절하면 된다. 주는 술을 거절했다고 해서 뭐랄 사람도 없을 뿐더러 충분하다는 사람에게 더 마시기를 강요하는 경우도 없다. 매번 강조하듯이 와인은 취하기 위한 술이 아니기 때문이다.

사실 와인 에티켓에서 가장 중요한 것은 바로 이것이다. 취하기 위한 술이 아니라 식사와 함께하는 음료임을 잊지 말아야 한다.

한국 음식과 와인

"한국 음식에는 어떤 와인이 어울리나요?"

와인에 관해 가장 많이 받는 질문 중 하나이다. 나 역시 주변의 와인 애호가들에게 이런 질문을 많이 한다. 또 음식을 먹을 때마다 여기에는 어떤 와인이 어울릴지 생각을 해보곤 했다.

소믈리에들은 한국 음식에 어울리는 와인으로 갈비찜에는 보르도의 레드와인, 구절판에는 알자스 화이트와인이나 샴페인, 모듬회에는 샤블리나 로제와인 등을 권한다. 하지만 한국 음식처럼 다양하고 또 같은 재료로 전혀 다른 맛을 내는 음식도 드물 것이다. 그러니 그 많은 음식에 어울리는 와인을 일일이 외울 수도 없고 난감한 일이 아닐 수 없다.

프랑스 와인 회사에 다니면서도 와인을 단순히 돈을 벌기 위한 수단으로 생각하는 사람과는 함께 비즈니스를 하지 않는다고 할 정도로 와인에 심취해 있는 친구와 식사를 할 기회가 있었다.

평소 한국 음식과는 어떤 와인이 어울릴지 고민을 하던 차라 그에게 이것저것 물어보게 되었다.

"음식과 와인을 맞추는 데는 어떤 규칙이 있지 않을까?"

그의 대답은 간단했다.

"입과 혀가 원하는 것을 마셔라."

어떤 음식을 먹을 때 입맛이 당기는 것이 분명히 있을 거라는 얘기였다. 혀를 단련시키면 한국 음식처럼 양념이 많고 재료가 많이 들어가는 음식에도 무엇무엇이 들어갔는지를 분명히 알 수 있다고 말했다. 그 재료들과 비슷한 맛의 와인을 선택하면 된다는 얘기였다.

그는 식탁을 둘러보며 이런저런 반찬을 먹어보았다. 가지나물, 갓김치, 콩나물 등 우리는 흔히 먹지만 외국인들에게는 낯선 반찬들을 먹어보더니 놀랍게도 그 안에 들어 있는 양념의 종류를 맞춰냈다.

그러면서 가지나물에는 랑그독후시용의 와인을 권했다. 가지 고유의 향과 랑그독후시용의 와인 향이 비슷하다는 것이었다. 젓갈이 듬뿍 들어간 갓김치는 알자스의 그랑노블 화이트와인이 좋겠다고 했다. 오래된 화이트와인의 곰삭은 맛과 김치의 발효된 맛이 어울린다는 것이었다. 즉 음식의 재료가 가진 풍미와 와인이 가진 향이 비슷하게 맞아떨어지는 것이 분명히 있다는 것이다.

그러니 이 음식에는 무엇, 저 음식에는 무엇, 외울 것이 아니라 혀를 단련시키는 것이 와인을 제대로 즐기는 좋은 방법이라고 조언했다.

그가 처음 먹어본 음식에 무엇이 들어갔는지를 집어내는 걸 보고 놀랐다. 하지만 그는 음식을 먹으면서 단순히 맛있다 없다가 아닌 음식의 맛을 느껴보려고 노력하면 혀는 자연히 단련된다면서 남자들은 보통 6개월에서 1년이 걸리고 여자들은 그 10분의 1이면 된다는 말을 했다. 여자들은 미각이 훨씬 발달해 있을 뿐만 아니라 언제나 음식의 맛을 보는 훈련을 하고 있기 때문이라는 것이다.

와인을 즐기는 입장에서 어떤 좋은 음식을 먹을 때는 자기도 모르게 와인 한잔 생각이 나는 것이 당연하다. 그 음식과 딱 맞는 조화로운 와인을 스스로 찾아냈을 때의 기쁨. 식탁이 더 풍성해져서 즐겁기도 하고 새로운 것을 알게 된 기쁨도 크다.

그래서 오늘도 밥상을 받으면 먼저 와인을 생각한다.

"여기에는 어떤 와인이 어울릴까?"

퍼마시는 음주문화여 안녕

한국의 음주문화에 대해 거론할 때마다 떠오르는 일이 있다.

네덜란드의 암스테르담에서 한국 비즈니스맨들과 회의를 한 일이 있었다. 지루한 회의를 끝내고 뒷풀이를 할 겸 어느 호텔 레스토랑으로 30여 명이나 되는 사람들이 몰려갔다.

웨이터가 주문을 받으러 들어왔고 우리는 사람이 많으니 잔보다는 병으로 시키는 것이 경제적일 듯해서 위스키를 병으로 주문했다. 그러자 웨이터는 왜 그런지 황당한 표정을 지으며 머뭇거렸다. 어쨌든 주문을 해놓고 술이 오기를 기다리는데 아무리 기다려도 술을 가지러 간 웨이터가 돌아오지를 않았다. 무슨 일인가 궁금해 나가보니 웨이터는 술집 지배인과 함께 술잔에다 위스키 한 병을 다 따라보고 있는 것이었다. 외국에는 위스키를 병째 주문하는 경우는 거의 없다. 한번도 위스키를 병째로 팔아본 적이 없는 이 술집은 위스키 한 병 가격을 몰랐던 것이다. 그래서 한 병이 몇 잔이나 나오는지를 계산하고 있었다는 얘기이다.

우리는 그걸 보고 폭소를 터뜨리며 재미있어 했지만 나중에 생각해보니 웃고 넘길 일만은 아니었다. 위스키가 얼마나 독한 술인가. 그런데도 우리는 두세 사람이 술집에 가서 위스키를 병째로 시키는 일이 흔하다. 아니 한

병도 아니고 몇 병씩을 술집 테이블 위에 눕히기도 한다.
 게다가 술이 본래 가지고 있는 알코올 도수로도 모자라서 폭탄주라는 독주를 '제조'해 마시기도 한다.

> 폭탄주는 본래 미국의 노동자들이 만들어 먹던 술이라고 한다. 그들은 이렇게 술을 섞은 것을 '보일러메이커'라고 불렀다. 이것은 그 술을 한 잔만 마시면 보일러처럼 달아오른다고 해서 붙여진 이름일 것이다.

 이것이 우리나라에 들어와서는 주로 군대에서 만들어 마시다가 이런 군사문화가 사회 전반에 퍼진 것이다. 통행금지가 있었던 시절, 통금 전에 술자리는 끝내야 하고 취하긴 취해야겠고 해서 폭탄주는 더 많이 퍼지게 되었다.
 사회 생활을 하려면 술을 잘 마셔야 하고 술을 마시면 또 취해야 하는 것이 당연한 일로 되어 있어서 술을 못하는 나는 술 때문에 고역을 치른 경험이 숱하다. 그나마 외국에서 근무한 기간이 길었기에 망정이지 계속 한국에서 직장 생활을 했더라면 술 때문에 정말 고생깨나 했을 것이다.
 10여 년 전 캐나다 밴쿠버에서 경험한 일이다. 나랑 친분이 두텁던 캐나다 정부의 고위관리가 서울을 다녀온 일이 있었다. 그 사람이 한국에 갔다 온 지 두어 달 후에 전화가 왔다. 한국에 갔을 때 신세를 졌던 분이 밴쿠버에 오는데, 저녁 초대를 했으니 나도 꼭 함께 참석해달라는 것이었다. 한국에서 오는 손님이니 같은 한국사람이 자리를 함께하면 더 반갑지 않을까 하는 배려였을 것이다. 캐나다 총영사도 같이 초대되었다.
 약속한 날, 총영사와 함께 저녁식사 자리에 갔더니 한국측 손님이 이미 도착해 있었다. 그런데 이분은 분명히 초대를 받은 입장인데도 자리에 앉자마자 양주를 주문하는 게 아닌가.
 술을 못하는 나로서는 걱정도 되고 이게 무슨 경우인가 싶었지만 초대된 입장이고 해서 좀 두고 보기로 하고 앉아 있었다. 그런데 이 한국 손님은 이게 한국의 폭탄주라고 하면서 단숨에 몇 차례 폭탄주를 만들어 돌리며 마시기를 강권했다. 나도 총영사도 술을 못하는 사람이어서 보통 곤욕스러운 게 아니었다. 게다가 초대를 한 입장인 그 캐나다 관리는 어떠했겠는가. 손님을 초대해놓고 기분을 상하게 할 수도 없고 그런 술자리는 익숙지 않고 여간 당혹스러운 게 아니었을 것이다.

나는 폭탄주 한 잔을 마시고는 더 이상 앉아 있을 수가 없어서 핑계를 대고 자리를 뜨고 말았다. 물론 술도 못하지만 초대받은 손님 처지에 비싼 위스키를 시켜 돌리고 있는 걸 보니 황당한 생각이 들 정도로 기분이 언짢았다.

다음날 그 캐나다 관리에게 전화를 했다. 분명 술 때문에 퍽 고생을 했으리라 생각하고 위로 전화를 한 것이다. 그런데 이 친구는 그날 결근을 했을 뿐만 아니라 연거푸 3일을 직장에 나오지 못하였다. 사흘 후에야 겨우 통화가 되었다.

"결근이라고 해서 걱정했지. 이제 좀 괜찮아?"

"3일을 쉬었는데도 아직도 눈꺼풀이 감기고 피곤해. 그런데 미스터 김, 한국 술문화가 정말로 그런 거야?"

"……"

미안하고 부끄러운 마음에 할말이 없었다.

가끔 우리나라 신문이나 잡지에 보면 우리나라 술의 소비량이 세계 1위이고 그것도 독주를 많이 마셔 각종 암 사망률도 1위를 한다는 기사를 대하게 된다. 프랑스나 서구의 다른 나라 언론에도 한국의 술문화가 종종 소개되곤 한다. 한국에는 술상무라는 게 있다더라, 기업의 술 접대비가 전체 예산의 몇 퍼센트더라 하는 식의 기사들이다. 우리는 어쩌다 독한 술을 인사불성이 될 정도로 마시는 것이 술문화로 정착되었을까? 그것은 술을 마시는 것이 아니라 술이 사람을 마시는 것이다.

프랑스에 있으면서 늘 부럽게 생각하는 것이 그들의 와인 문화였다. 그들은 와인을 술로 마시는 게 아니라 음식으로 즐기고 있었다. 격식을 갖춘 식탁에서는 그 식탁을 더욱 풍요롭게 해주는 역할을 와인이 하고 있고, 가정에서의 간단한 식사에서도 와인은 빠지지 않고 등장하여 가족간의 정을 깊게 해주는 매개로 쓰인다.

　이런 풍경을 상상해보라. 아내는 정성껏 저녁 식탁을 준비한다. 남편은 퇴근하는 길에 좋아하는 와인을 한 병 사들고 들어온다. 부부가 마주앉은 저녁, 와인을 한잔씩 하면서 서로의 하루 일과에 대해서도 이야기하고 가정의 사소한 일들도 의논한다. 와인을 곁들인 식탁은 부부간에 대화를 만들고 그럴수록 부부간의 애정도 깊어진다.

　반면 이런 풍경도 있다. 아내는 정성껏 식탁을 준비하는데 남편은 오늘도 또 늦는다. 이제나저제나 하며 찌개를 데우고 또 데우다가 아내는 그만 화가 치밀어 혼자 저녁을 먹어버린다. 남편은 자정이 넘어서야 술냄새를 팍팍 풍기며 들어서서 현관문을 열어주자마자 옷도 벗지 않은 채 픽 쓰러져 잠이 든다. 아내는 허구한 날 그 모양인 남편이 불만이다. 남편 역시 술 마시는 것도 일의 연장인 직장문화를 이해 못하는 아내가 불만이다. 부부는 스트레스가 쌓여만 간다.

　어떤 풍경 속의 인물이 되고 싶은가.

　'먹고 죽자'는 술이 아니라 분위기를 즐기며 조용하고 차분하게 마시는 술. 와인은 그렇게 마시는 술이다. 우리 사회에 와인을 즐기는 사람이 늘어난다면 술독에 빠져 허우적거리는 음주문화가 조금은 개선되지 않을까 생각한다.

프랑스

영국 **네덜란드** **독일** **벨기에** **룩셈부르크** **스위스** **이탈리아** **스페인**

● 파리

Atlantic Ocean

주요 강: 솜 강, 우아즈 강, 마른 강, 뫼즈 강, 모젤 강, 라인 강, 센 강, 오브 강, 욘 강, 루아르 강, 셰르 강, 비엔 강, 크뢰즈 강, 손 강, 두 강, 엥 강, 이제르 강, 뒤랑스 강, 샤랑트 강, 지롱드 강, 도르도뉴 강, 로 강, 타른 강, 가론 강, 아두르 강, 오드 강

범례:
- 보르도
- 메독
- 코냑
- 루아르
- 아르마냑
- 랑그독
- 루시용
- 론
- 샹파뉴
- 샤블리
- 알자스
- 부르고뉴
- 보졸레
- 쥐라
- 프로방스
- 코르시카

5부 프랑스 명품 와인을 찾아서

이상적인 와인 생산지, 보르도 지방

보르도(Bordeaux). 그 이름에서도 와인향이 나는 듯하다. 전세계적으로 퍼져 있는 와인 산지들 중에서 보르도의 명성을 따라올 곳은 없다. 보르도 와인은 생산 지역의 규모와 생산량, 와인의 품질, 역사 등에서 타의 추종을 불허한다.

와인에 대해 관심을 가지면서부터 보르도는 계속 나를 불러댔지만 보르도 지방은 파리에서 약 650킬로나 떨어져 있고 지역도 넓기 때문에 좀처럼 방문할 시간을 내기가 어려웠다. 어느 연휴에 미리 급한 일들을 바쁘게 처리해놓고 드디어 보르도 방문길에 올랐다. 지롱드 강을 건너 메독으로 향하는 배를 탄 나는 설레일 수밖에 없었다.

보르도 지방 와인 산지는 지롱드(Gironde) 강과 도르도뉴(Dordogne) 강을 중심으로 크게 세 지역으로 나누고 다시 각 지역을 세분한다. 동남에서 서북으로 흐르는 지롱드 강의 왼쪽인 메독(Médoc) 지역과 계속 남쪽으로 이어진 그라브(Graves) 지역, 그리고 지롱드 강과 동쪽에서 흘러들어와 보르도 시 북쪽에서 합류하는 도르도뉴 강 상류에 있는 앙트르 두 메르(Entre-deux-Mers) 지역, 마지막으로 도르도뉴 강 오른쪽과 하류 쪽에서 이어지는 지롱드 강 오른쪽의 생테밀리옹(Saint-Emillion) 지역 등이다.

먼저 지롱드 강 왼쪽과 보르도 시 북쪽에 위치한 메독 지역은 남쪽으로는 피레네 산맥과 동쪽으로는 리무쟁 지역과 마시프 상트랄 (Massif Central) 산악지대에서 밀려온 석회 성분과 모래 등으로 형성되어 구조가 견고하고 향이 강하면서도 섬세한 맛을 내는 포도가 재배되며 레드와인을 주력으로 생산한다.

같은 지롱드 강 왼쪽이면서도 보르도 시의 남쪽에 위치한 그라브 지역은 자갈이 많은 편으로 화이트와인 중에서도 저 유명한 소테른(Sauternes)의 산지기도 하다.

두번째로 지롱드 강과 도르도뉴 강 사이에 위치한 앙트르 두 메르 지역은 진흙과 자갈이 섞인 단단한 토질판으로 구성되어 향이 풍부하고, 생동감 있는 화이트와인이 생산된다.

마지막으로 도르도뉴 강과 이 강이 합류하는 지롱드 강의 오른쪽 지역은

175

전반적으로 앙트르 두 메르 지역과 비슷한 토질로 구성되나, 진흙과 석회 성분이 많은 생테밀리옹 지역과 자갈이 많은 포메롤(Pomerol) 지역으로 나눌 수 있고, 토질에 따라 경작하는 포도나무의 품종도 각기 다르다.

나는 지롱드 강 북쪽 끝에 대서양과 연접한 작은 항구도시 루양(Rouyan)이란 곳에서 배를 타고 지롱드 강을 건너 메독 지역의 북쪽으로 들어가는 길을 택했다. 메독을 거쳐 남쪽으로 이어진 그라브와 생테밀리옹 지역을 볼 예정이었다.

보르도 지방의 포도 재배 면적은 약 10만 헥타르이며, 지역의 크기는 동서로 약 130킬로미터 남북으로는 약 100킬로미터에 달한다. 그 안에 와인 산지가 넓고 복잡하게 펼쳐져 있다. 이 지방에서 나는 와인의 이름들은 각각의 마을과 양조장의 이름을 따라 많고 복잡하다.

보르도의 고급 와인에서 공통적으로 접할 수 있는 말이 샤토라는 말이

다. 샤토(chateau)의 원래 사전적 의미는 중세 때 지어진 성을 뜻하지만 지금은 포도원, 양조장의 뜻으로 쓰인다. 그에 비해 부르고뉴에서는 도멘이라는 말을 쓴다. 보르도에는 수천 개의 샤토가 있고, 그 샤토들에서 6억 6,000만 병의 와인이 생산된다.

포도밭의 면적으로 보면 부르고뉴의 4배이며, 독일 전체 포도밭의 면적과 같을 만큼 세계에서 제일 큰 고급 와인 생산지이다. 19세기 중반에는 더 넓었지만 필록세라 피해와 도시화로 많이 줄어든 것이 그렇다고 하니 규모로만 봐도 놀라지 않을 수 없다.

보르도 지방에 이렇듯 와인 산업이 활성화된 이유는 무엇보다도 자연조건, 즉 양조용 포도 재배에 딱 맞는 기후와 토질 때문일 것이다. 대서양에서

포도밭이 끝없이 펼쳐져 있는 생테밀리옹 지역의 모습.

불어오는 난류의 바람은 겨울 동안 날씨를 따뜻하게 해줄 뿐만 아니라 포도가 발아하는 초봄에 결정적인 장애물인 냉해를 피하게 해준다. 이런 따듯한 기후의 영향은 보르도 와인의 힘을 강하게 해줄 뿐만 아니라 섬세하고 우아한 향기를 찾는 데 결정적인 영향을 준다. 뿐만 아니라 아키텐(Aquitaine) 지방의 해변에 늘어선 거대한 숲들은 바닷바람이 포도밭에 직접 몰려오지 않게 잘 막아주고 있다.

여름이 길고 더워서 포도가 충분히 익는 데 도움을 주며 일조시간도 길어 포도의 당분형성을 도와주고 선명하고 짙은 색을 띠도록 한다.

기후가 아무리 좋아도 토양이 포도 재배에 적합하지 않으면 좋은 와인을 만들 수 없다. 보르도의 포도밭은 빙하기 때부터 피레네와 중부 산악지대에서 운반된 자갈들이 강 하구로 오면서 쌓여 만들어진 완만한 언덕으로 이루어져 있다. 이 언덕들은 자갈층의 깊이가 깊어 빗물이 잘 빠지고, 열을 잘 보관할 수 있어 포도가 잘 익게 한다. 또한 포도나무는 물과 영양분을 찾아 자갈을 뚫고 땅 속 깊이 뿌리내릴 수밖에 없다. 땅 속 깊은 곳에서 찾아낸 각종 미네랄 성분은 와인의 깊이를 더해준다.

알자스나 부르고뉴의 경우와 달리, 보르도 와인은 두세 가지의 포도 품종이 혼합된 블렌딩 와인이다. 이 혼합비율은 각 포도원마다 다른데 그래서 더 보르도 와인이 다양해지는 것이다.

> 레드와인용으로는 카베르네 소비뇽(Cabernet-Sauvignon), 메를로(Merlot), 카베르네 프랑(Cabernet franc), 말벡(Malbec), 프티 베르도(Petit verdot)가 있으며, 화이트와인용으로는 소비뇽 블랑(Sauvignon blanc), 세미용(Semillon), 뮈스카델(Muscadelle), 콜롱바르(Colombard), 위니 블랑(Ugni blanc) 등이 있다.

그렇다면 언제부터 보르도가 와인 산지의 대명사가 되었을까. 보르도가 포도를 재배한 기록은 로마 정복기부터라고 알려져 있다. 1152년에 아키

텐 지방 영주인 알리에노(Alienor)가 영국 왕이 된 헨리 플란타지네트(Henri Plantagenet)와 결혼함으로써 영국에 귀속되었다. 그후 3세기 동안 보르도 와인은 영국에 수출되면서 유명해졌다. 이후 그 유명한 와인전쟁, 백년전쟁의 역사가 시작된다. 그 끝은 프랑스의 승리. 1453년, 보르도 지방은 드디어 프랑스에 귀속된다. 보르도 지방의 와인은 16~17세기 네덜란드 상인을 통해 북유럽에 수출되면서 더욱더 명성을 얻는다. 대서양 연변에 위치해서 일찍부터 영국과 네덜란드 상인들이 드나들게 된 것이 보르도가 세계적으로 널리 알려지게 된 배경인 것이다.

하지만 보르도의 명성이 아무렴 상인들의 도움 때문만일까. 와인 특유의 떫고 묵직한 맛의 진수는 바로 보르도 와인에서만 맛볼 수 있다. 이 맛의 진수는 오래 숙성된 와인에서 발휘된다. 10년 이상된 고급 보르도 레드 와인을 맛보면 신비스럽다고밖에는 표현할 수가 없는 묘한 맛이 있다.

보르도 지방서의 여정은 그 크기와 넓이에 비하면 너무 아쉬운 것이 많을 정도로 짧았다. 하지만 스쳐 지나가는 들판에 무르익는 포도들이 품어내는 향기로움이 보르도 와인의 숨결처럼 느껴졌다.

보르도 와인의 등급

보르도 와인의 등급 구분은 조금 복잡하다. AOC 체계가 등급을 구별하는 잣대로 쓰이기는 하지만 절대적인 것은 아니다. 보르도는 샤토 단위로 소유한 밭에다 등급[Cru]을 부여하고, 같은 보르도 지방에서도 메독, 그라브, 생테밀리옹 지역이 각각 고유한 등급 구분 체계를 가지고 있다.

이유는 세 가지다. 첫번째로, 보르도 지방은 면적이 넓고 그만큼 이 지방의 여러 지역별로 특성이 다르기 때문에 동일한 기준을 적용하기 어렵다. 두번째로, AOC 제도 시행 이전부터 지역별로 등급을 나눈 역사적 배경이 있다. 세번째로, 와인 등급은 보통 밭을 기준으로 하지만 보르도에서는 부르고뉴처럼 밭이 절대적이지 않다. 샤토의 전통적인 생산 노하우도 중요하다고 보기 때문이다.

등급 구분에 따라 붙는 크뤼(Cru)라는 말은 어떤 와인이 다른 와인과 테루아르, 품종, 생산 노하우 등 핵심 요소들이 서로 질적으로 다르다는 의미가 함축된 것이다.

왜 메독을 말하는가

보르도 지방 중에서도 메독(Médoc)이라는 이름은 우리에게 아주 익숙하다. 우리나라뿐만이 아니라 와인 애호가이든 아니든 세계적으로 메독이라는 이름을 들어보지 못한 사람은 없다고 할 정도로 널리 알려져 있다. 와인에서 '메독'이라는 브랜드의 가치는 상상을 초월한다. 이유는 물론 이 지역의 레드와인이 세계 최고 수준이기 때문이다.

> 메독 지방은 북쪽으로는 대서양에서 남쪽으로는 보르도 시 북쪽에 이르기까지 약 80킬로미터로 지롱드 강변을 따라 길게 이어진 띠 모양을 하고 있다. 위치가 그렇기 때문에 물과 물 '사이'라는 뜻의 메독이라는 이름이 붙여졌다.

메독은 또한 북쪽의 낮은 지대인 바 메독(Bas Médoc)과 남쪽의 높은 지대인 오 메독(Haut Médoc)으로 나뉜다. 보통 바 메독은 그냥 메독이라고 부른다. 'Bas(low)'라는 단어의 뜻은 '낮다'인데, 단순히 지대가 낮은 것뿐만 아니라 와인의 질이 낮다는 뉘앙스를 풍길 수도 있다고 해서 바 메독이라는 말을 쓰지 않는 것이다. 하지만 실제로도 바 메독 지역의 와인의 질이

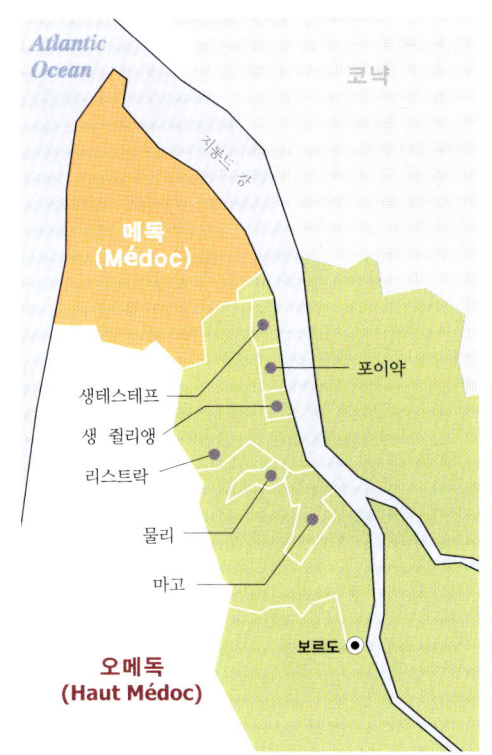

오 메독 지역의 와인보다 다소 떨어지는 것은 사실이다.

오 메독, 즉 높은 지대는 낮은 지대에 비해 와인 재배에 적합한 지질 구조를 갖고 있다. 오 메독 지역은 전세계 레드와인 중 최고의 와인을 생산하는 지역이다. 이 지역은 또다시 세분되어 몇 지역으로 다시 나뉘는데, 마을(Communal) 원산지 명칭에 해당하는 마고(Margaux), 포이약(Pauillac), 생-쥘리앵(St-Julien), 생테스테프(St-Estephe), 물리(Moulis en Médoc), 리스트락(Listrac-Médoc) 등이다.

이 이름들 역시 널리 알려져 있다. 그저 작은 마을일 뿐인 이 조그만 지역에 독자적인 AOC 등급을 매길 수 있는 권한을 주었으니 이 지역 와인이 얼마나 고급인지는 말이 필요없다.

메독 지방의 포도 재배 역사는 프랑스의 다른 지방보다 훨씬 짧아서 17세기에 네덜란드 상인들이 드나들 무렵부터 시작됐다. 17세기는 해상무역

이 활발하게 진행되던 시대로 보르도 지방은 이런 해상무역의 중요한 거점이었다.

네덜란드와 영국으로 드나드는 배들과 무역인들은 프랑스산 와인이 필요했다. 그러나 육상 운송수단이 발달하지 못했던 당시에는 내륙 지방에서 와인을 가져오기가 어려웠고 정보도 부족했다.

그래서 아마도 상인들의 배가 출입하는 지역인 메독 지역에서 포도 재배와 와인 생산에 관심을 기울이기 시작했을 것이다. 그리고 돈이 되니까 곧바로 밭을 만들고 시설을 갖추는 투자가 이루어지고 생산자들간의 경쟁이 치열해지니까 품질 향상도 따라서 이루어지게 됐으리라고 생각한다.

물론 기후와 토양 조건이 포도 재배에 최적이었다는 것도 있었지만 반대로 자연 조건이 아무리 좋아도 상업 거래가 없었다면 오늘날 저 유명한 메독 와인도 없었을 것이다.

메독 와인은 카베르네 소비뇽과 메를로 품종을 적절하게 배합한다. 카베르네 소비뇽은 탄닌 성분을 많이 포함하고 있어 장기간 저장할 수 있는 와인을 만든다. 또 색이 진하고 향기도 강렬하며 뒷맛이 오래 남는다. 하지만 탄닌 성분이 너무 견고하면 균형과 조화가 깨질 수도 있기 때문에 부드러운 맛을 보태기 위해 메를로를 혼합하는 것이다. 이 둘을 적절하게 배합하는 것이 바로 기술이다.

다른 지방에 비해 와인 생산을 늦게 시작했지만, 상업을 위한 지리적 장점에서 출발해서 유리한 자연적 조건을 최대한 활용하면서, 적극적으로 품종을 개발하고 마케팅 전략에 앞장섬으로써 오늘날 오 메독 지역의 와인이 절대적인 강자로 자리매김할 수 있었던 것이다.

와인 공부를 하면서 귀에 못이 박히게 들어온 이름. 메독 지방 마고 마을의 샤토 마고(Chateau Margaux)와 포이약 마을의 샤토 라투르(Chateau Latour)에 들러 사진도 찍었다. 이름 있는 좋은 와인을 마실 때뿐만이 아니라 유명한 샤토 앞에서 찍은 사진 한 장도 나를 행복하게 한다.

햇볕 한줌 이슬 한 방울이라도, 샤토 페트뤼스

부르고뉴 와인의 최고봉이 로마네 콩티라면 보르도 와인의 최고봉은 페트뤼스가 아닐까. 교황 1세의 초상화를 상징 마크로 하고 있는 샤토 페트뤼스는 품질도 뛰어나지만 비싸기로도 유명한 레드와인이다.

명품 중의 명품이라는 페트뤼스를 찾아가는 길은 조금도 지루하지 않았다. 보르도 곳곳이 유명 와인 산지들이었기 때문에 하나씩 둘러보는 재미가 있었기 때문이다.

지롱드 강에서 페리호에 자동차를 싣고 50분 정도 강을 건너면 메독에 도착한다. 메독을 샅샅이 살펴보고 포이약 지역을 거쳐 마고에 들러 샤토 마고를 방문한 후, 보르도 시를 지나 동쪽에 있는 생테밀리옹 지역을 살펴본 후 그곳에서 동쪽으로 15분 정도 더 가면 포메롤이라는 지역에 이른다.

포메롤은 생테밀리옹 서쪽에 자리잡은 조그마한 마을이다. 이곳에 바로 세계적으로 유명한 샤토 페트뤼스가 있다.

조그만 마을이라고는 하지만 약도가 있는 것도 아니어서 페트뤼스를 어

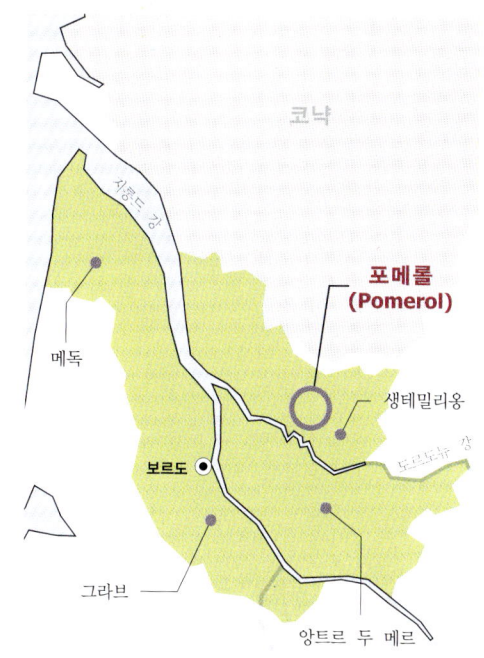

떻게 찾아갈지 막막해하고 있는데, 마침 밭에서 일을 하고 있는 농부가 보였다. 그 농부에게 샤토 페트뤼스 가는 길을 물었더니 농부는 고개를 갸웃했다.

"샤토? 페트뤼스는 그냥 조그만 집인데요. 샤토가 아니고."

그러면서도 그는 가는 길을 가르쳐주었다. 아마도 페트뤼스와 경쟁관계에 있는 사람이 아닌가 싶었다.

그가 가르쳐준 대로 가보니 길가에 조그맣고 허름한 창고처럼 생긴 건물이 하나 나타났는데, 그 집 벽에 '페트뤼스'라는 글씨가 씌어 있었다. 저것이 페트뤼스인가? 농부의 말처럼 양조장이라고 할 것도 없는 그저 집 한 채일 뿐이었다. 이처럼 허름하고 조그마한 창고 같은 곳에서 그토록 명성이 높은 와인이 만들어진다니. 정말 특별한 비결이 있는 것이 아닐까? 페트뤼스의 기술 담당 이사는 궁금해하는 나를 포도밭으로 데려갔다.

조그마한 창고처럼 생긴 이곳에서 세계 최고의 와인인 페트뤼스가 생산되고 있다.

멀리서 보기에 포도나무가 좀 이상하게 생겼다 싶었는데 가까이 가서 보니 포도나무 가지들을 위로 걷어올려 일일이 묶어놓은 것이었다. 포도 열매를 가리고 있는 가지와 잎사귀들을 위로 묶어놓아 열매가 햇빛을 좀더 잘 받게 하기 위해서라고 한다. 아닌게아니라 한낮의 태양빛이 포도송이에 그대로 비춰지고 있었다.

그뿐만 아니라 포도를 수확할 때는 언제나 아침이슬이 완전히 증발된 오후에 한다고 한다. 이슬이라도 포도에 묻어 와인이 조금이라도 묽어지는 것을 방지하기 위해서라는데 과연 그 정성이 남다르다 싶었다.

와인 전문가들은 포메롤의 와인은 섬세함과 힘을 두루 갖추고 있다고들 말한다. 포메롤 와인의 주된 포도 품종은 메를로인

포도가 익어갈 무렵 가지를 걷어올려 포도송이가 햇빛에 잘 쪼이도록 함으로써 비타민 생성 등에 도움을 준다고 한다.

대. 이 품종은 색깔이 깊고 맛이 부드러워 여성들이나 강한 와인이 부담스러운 사람들이 좋아한다.

포메롤에서 생산되는 와인 중 단연 최고급인 샤토 페트뤼스. 좋은 와인을 만들 수 있는 포도가 자라는 천혜의 자연 조건에 햇볕 한줌, 이슬 한 방울에도 신경을 쓰는 사람들의 세심함이 지금의 명성을 가져온 것이다.

어스름이 깔리기 시작할 무렵 그곳을 떠나오면서 돌아보니 작고 허름한 창고 벽에 쓰여 있는 페트뤼스라는 이름이 석양을 받아 빛나고 있었다.

부르고뉴 황금언덕과 본의 추억

환상적인 와인 순례의 길. 와인 애호가라면 누구든 몇 번이고 다시 가보고 싶어하는 곳이 부르고뉴의 코트 도르, 즉 황금언덕이다. 디종 시의 바로 아래에서부터 낮게 이어진 이 구릉들은 온통 포도밭이어서 수확기인 가을에 가면 그 은은한 포도향이 달리는 차 안에까지 스며든다. 게다가 그 황금빛의 물결이라니. 계절에 순응해 누런 빛으로 변한 포도 잎사귀들이 살랑이는 바람에 언덕 가득히 넘실거리고 있는 모습은 어떤 거장이 그린 명화보다도 아름답다.

황금언덕은 디종 시 남쪽 끝에서 본을 거쳐 샤샤뉴 몽라셰 마을에 이르기까지 50킬로미터 정도 이어진 비탈길이다. 최고의 레드와인인 로마네 콩티와 라타쉬, 최고의 화이트와인인 몽라셰가 바로 이 언덕에서 생산된다.

가을이 오면 언덕 전체가 황금빛으로 물들어서 황금언덕이라 부르지만 이 언덕에서 세계 최고의 비싼 와인들이 생산되기 때문에 황금이 나는 언덕과 같다는 뜻으로도 해석할 수 있다.

이 언덕은 규토, 점토, 석회질이 풍부해서 명품을 생산해내기에 적합한

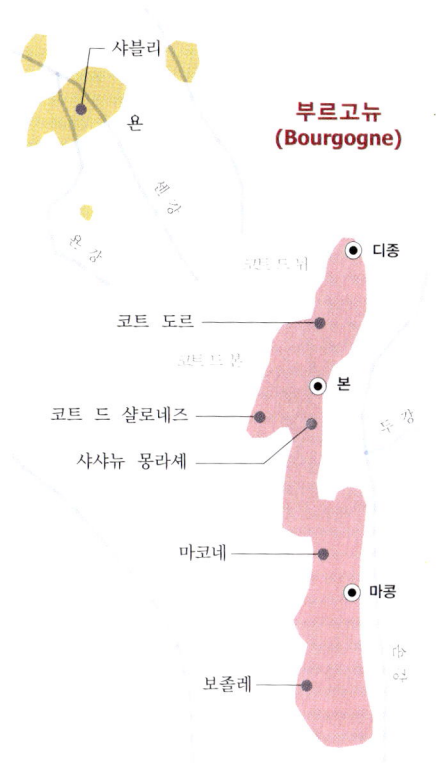

토질을 갖고 있다고 한다. 하지만 그보다 더 놀라운 것은 그 흙의 구성 비율이 언덕의 위냐 아래냐에 따라 조금씩 다르고, 또 비탈의 경사나 방향 등에 따라 일조량이 다르고, 바람의 세기가 다르고, 그렇기 때문에 다양한 맛과 향의 와인이 생산된다는 것이다.

   제한된 땅에서 다양한 와인이 생산되는 만큼 포도원 하나 하나의 규모는 작을 수밖에 없다. 포도원은 아주 작은 규모로 쪼개져 있고 좀 크다 싶으면 소유자가 여러 명인 경우가 많다. 프랑스혁명 당시 혁명군들이 귀족이나 교회에서 소유하고 있었던 포도원들을 주민들에게 분배하였기 때문이라고 한다. 이 포도원들은 보르도의 샤토라는 말 대신에 도멘이라고 부른다.

   코트 도르 지역은 본 시를 중심으로 다시 북쪽의 코트 드 뉘(Cote de Nuit) 지역과 남쪽의 코트 드 본(Cote de Beaune) 지역으로 나뉜다. 그리고 이 중심에 본(Beaune)이 있다.

황금언덕에서 내려다본 와인밭과 마을의 풍경.

부르고뉴 와인 생산지의 중심이라고 할 만한 본 시는 인구가 2만 명밖에 안되는 작은 도시다. 부르고뉴 현재의 행정 수도는 디종 시지만 중세시대에 이 지역의 주인이었던 부르고뉴 공국은 당초 본에 수도를 정했었다.

처음 본을 방문했을 때 첫눈에 이 도시가 좋아졌다. 고색창연한 성곽으로 둘러싸여 있는 이 작은 도시는 아늑하면서도 오랜 역사에서 배어나오는 품위 같은 것이 느껴졌다.

관광을 위해서라면 단지 한 시간 남짓한 시간이면 마을 전체를 돌아볼 수 있지만 와인 애호가라면 하루 종일 걸려도 시간이 부족할 듯싶었다. 여기 며칠 만이라도 머무르면서 부르고뉴 와인에 푹 빠져들고 싶은 생각이 간절했다.

본 시에 들어서면 곧바로 진한 와인 냄새를 맡을 수 있다는 사람들도 있는데, 그럴 법도 한 것이 본 시 전체가 와인 저장고라고 해도 과언이 아니기 때문이다.

카브에 저장된 오크통들.

본 시 지하에는 꽤 큰 규모의 와인 저장 창고들이 여러 군데 있고, 또 인근 대형 양조장들에서도 와인 냄새가 풍겨오니 본 전체에 와인 향기가 배인 것이 오히려 자연스런 일이다.

본 시내의 지하 와인 창고인 카브들은 대부분 13~17세기에 만들어졌는데, 당시 귀족들이 저택을 지으면서 지하에 와인 저장고와 다목적 창고, 그리고 비밀 통로로 만들었던 것을 개조한 것들이다. 이 카브들에는 부르고뉴 최고 품질의 와인들이 나란히 누워 있어서 나로서는 어느 한 곳도 빼놓고 싶지 않았다.

또 마을 중심가에 있는 와인 전문점들을 돌아다니며 여러 종류의 부르고뉴 와인들을 비교도 해보고 상점 주인에게 이것저것 물어보고 기웃거리다보니 하루 해가 너무나 짧게 느껴졌다.

처음 본 시에 들렀을 때는 하루를 묵었다. 하지만 떠날 때의 아쉬움이 너무 커서 주말과 연휴를 연결해서 사흘의 시간을 만들어 다시 본을 찾았다. 한번 찾은 사람은 다시 찾아올 수밖에 없게 하는 독특한 분위기가 본에는 있다. 그건 다른 사람들도 마찬가지인 모양인지 본은 관광산업도 크게 발전해 있다.

시 인구는 불과 2만 명에 불과하지만 연간 방문하는 관광객 수는 시 인구의 50배가 넘는 100만 명에 달한다. 그러니 관광객들과 와인을 사러 오는 상인들을 맞이하는 호텔들도 많다. 조금 과장하면 한 집 건너 하나가 호텔일 정도다. 그래서 세계적으로 유명한 파리의 리도쇼가 본 시에 분점을 열 계획도 했다고 시청의 관광 담당자는 귀띔을 해주었다. 작은 도시에 집중적으로 관광객들이 모이는 데다, 이들 가운데는 숙박을 하는 외국인들이 절반을 넘기 때문에 이런 아이디어가 나올 만도 하다. 하지만 본의 고풍스럽고 아늑한 분위기와 화려한 리도쇼, 둘은 어쩐지 어울릴 것 같지 않은 느낌이다.

화려한 쇼의 춤과 노랫소리 때문에 부르고뉴 와인의 깊은 역사의 숨결이 방해받지 않을까 하는 건 나만의 우려일까?

부르고뉴는 면적과 생산량은 작은 지역이지만 고급 품질의 와인들을 주력으로 생산하는 지역으로, 수출량이 국내 수요보다 많은 지역이기도 하다. 여러 포도나무 품종을 조합하지 않고 하나의 품종으로만 와인을 만든다. 레드와인의 주력 품종은 피노 누아(Pinot Noir)와 가메(Gamay)인데, 가메는 주로 보졸레 지방에서 생산한다. 화이트와인 품종은 샤르도네(Chardonnay)가 주력 품종이고, 알리고테(Aligoté)도 일부 재배한다.

부르고뉴 전체의 포도 재배 면적은 작지만 기후와 테루아르의 특성이 마을 단위로 또는 작은 밭 단위로 서로 다른 특성을 가지고 있고, 그래서 이런 특성을 반영한 원산지통제명칭이 100여 개에 이른다. 프랑스 전체의 원산지통제명칭이 430여 개라는 걸 생각하면 거의 4분의 1을 차지하는 셈이다.

부르고뉴는 다음과 같이 크게 다섯 개의 생산 지역으로 나눈다.

샤블리(Chablis)와 욘(Yonne)

파리 시에서 동남쪽으로 약 150킬로미터 떨어지고 부르고뉴 지방의 행정수도인 디종 시에서는 서북쪽으로 약 150킬로미터 떨어진, 파리와 디종의 중간으로 화이트와인이 주로 생산되며 일부 레드와인도 생산된다.

코트 도르(Cote d'Or)

황금언덕이란 뜻의 이름을 가진 이 지역은 북쪽으로는 디종 시에서 남쪽으로는 샤니(Chagny)에 이르는 길게 남북으로 뻗은 부르고뉴 지방의 주력 와인 산지이다. 이 지역의 중심에는 본 시가 자리잡고 있다. 또 이 지역은 다시 북쪽의 코트 드 뉘(Cote de Nuits)와 남쪽의 코트 드 본(Cote de Beaune)으로 나눈다. 코트 드 뉘는 레드와인이, 코트 드 본은 화이트와인이 주로 생산되며, 두 곳 다 최고급 품질의 와인이 생산되는 마을들이 즐비하다.

코트 드 샬로네즈(Cote de Chalonnaise)

코트 도르 지역의 남쪽으로 이어진 지역으로 레드와인과 화이트와인이 모두 생산된다.

마코네(Maconnais)

계속 남쪽으로 이어진 지역으로 푸이-퓌세(Pouilly-Fuissé)라는 우수한 와인이 생산되는 마을을 포함하고 있다.

보졸레(Beaujolais)

마콩에서 리옹 시 북쪽에 이르는 부르고뉴 지방의 가장 남쪽 지역으로, 행정구역상으로는 보졸레 지역의 북쪽의 일부만이 부르고뉴에 속하며 남쪽의 대부분의 지역은 론(Rhone) 지방에 속한다. 주로 가메 품종의 레드와인을 생산하며 보졸레 누보가 세계적으로 유명하나 실제로는 보졸레 지역의 북쪽 10개 마을에서 나는 보졸레 크뤼(Beaujolais Cru)라는 코뮌날급 와인이. 우수한 품질과 신선한 향으로 유명하다.

자선을 베푸는 오스피스 드 본의 와인 경매

부르고뉴 포도주의 중심지인 본 시의 한 가운데는 오텔 드 디유(Hotel de Dieu) 또는 오스피스 드 본(Hospices de beaune)이라고 부르는 커다란 규모의 유적 건물이 있다. '하나님의 휴양소' 정도로 번역될 수 있는 오텔 드 디유는 병원을 뜻하고, 오스피스는 순례자들의 숙박소를 의미한다.

이 건물은 1445년에 완공되어 1971년까지는 병원으로 사용했다고 한다. 현재는 관광객들에게 병원의 역사와 부르고뉴 공국의 역사를 보여주는 박물관으로 개방하고 있다.

현재는 수십만 명의 관광객이 다녀가는 세계적인 명소가 된 본의 오스피스 드 본은 부르고뉴 와인의 역사에서 빼놓을 수 없는 중요한 전통을 간직하고 있다.

이 병원에서는 매년 11월 셋째 주 일요일에 포도주 경매가 실시된다. 직접 거래가 이루어지는 이 경매는 경매에 참가하는 와인사업자뿐만 아니라 경매장 주변에서 정보를 얻으려는 사업자들이 프랑스와 유럽은 물론이고 바다 건너 미국과 일본에서도 모여든다. 게다가 와인 관련 매체들의 기자들과 와인 평론가들까지 북적인다. 그 이유는 이날의 경매가 그해 생산된 부르고뉴 와인으로는 가장 먼저 가치를 평가받는 셈이 되기 때문이다. 그

오스피스 드 본의 경매 현장.

래서 이날의 경매 결과는 세계 시장에서 부르고뉴 와인의 거래 협상에 기준자료가 되기도 한다.

오스피스 드 본의 와인 경매는 1859년부터 시작되었다고 하는데 그것이 지금까지도 이어지고 있다니 놀라지 않을 수 없다. 그러면 병원에서 왜 오래 전부터 와인을 경매했을까? 안내원의 설명은 장황했지만 결론만 놓고 본다면 병원의 재정 문제 때문이었다.

오스피스 드 본이 지어질 당시 유럽의 병원들은 환자들만 돌보는 곳이 아니었다. 가난한 환자나 부랑자들도 머무르게 하고 순례 여행객들, 특히 이곳저곳을 다니며 공부하던 학생들의 숙소 역할을 겸했다. 그래서 오텔 드 디유, 즉 하나님의 자비로움으로 도움을 받는 안식처라고도 불린 것이다.

그러나 하나님이 자비를 베푸신다고 해서 필요한 양식과 약품이 그냥 어디서 솟아나는 것은 아니다. 그 때문에 독실한 기독교인들은 자신의 물질을 흔쾌히 나누었다. 여러 신도들이 자신들의 포도밭을 기증했고, 병원은 여기서 생산된 와인를 팔아 필요한 재정을 마련했다.

이렇게 기증된 포도밭은 대부분이 본 시 인근의 코트 드 본 지역과 코트 드 뉘 지역에 있다. 현재 포도밭의 총면적은 61헥타르이고, 여기에서 생산되는 와인의 종류는 37가지에 달한다. 그러니까 오스피스 드 본이라는 이름의 병원 재단이 부르고뉴 지역에 61헥타르의 포도밭을 소유하고 있고, 여기서 생산된 와인을 경매하고 있는 것이다. 경매의 수익금은 병원 시설을 늘리고 가난한 사람들을 무료로 진료해주는 데 쓰인다.

병원의 오크통에는 해당 포도밭을 기증한 사람들의 이름을 적어놓았다. 이 와인을 살펴보면 단 두 가지만을 제외하고는 모두 프리미에 크뤼(Premier Cru: 1등급)와 그랑 크뤼(Grand Cru: 특등급) 급에 속한다. 한마디로 기증자들의 마음이 째째하지 않았다는 것이다.

이제 이쯤 되면 왜 전세계의 와인 사업자들이 경매에 모여드는지 짐작이 갈 것이다. 여러 종류의 우수한 와인이 한꺼번에 경매에 나오기 때문이다.

경매에 나오는 와인은 오크통(Cuvée: 쿠베 228리터)째로 거래된다. 그런데 그해에 수확한 포도를 발효만 해서 판매하고, 이 와인을 구입한 업자들은 각자 자신들의 방식으로 숙성을 시키고 그후에 병입을 해서 판매한다.

이런 사업자들을 흔히 네고시앙-엘르뵈르(Négociant-Eleveur)라고 부른다. 결국 같은 밭에서 생산된 같은 종류의 오스피스 드 본 와인도 각 네고시앙-엘르뵈르의 숙성 기법에 따라 맛과 향이 다양할 수 있다.

이 와인들은 라벨에 원산지 표시와 상표만 표시하는 것이 아니라 오스피스 드 본이라는 이름을 함께 표시해서 소비자들이 잘 구별할 수 있게 해준다. 그래서 일부 무명의 양조업자들 가운데는 업체의 명성을 높이기 위해 일부러 오스피스 드 본을 취급하기도 한다.

이 경매의 낙찰가는 다른 와인들의 출하 가격에 비하면 상당히 높은 편이다. 그것은 경매의 참가자들이 실제 수준보다 높은 가격으로 구매해주는 전통 때문이다. 자선을 베푸는 일에 얼마라도 기여하겠다는 뜻일 테지만 진짜 기여하는 사람은 비싼 가격을 지불하는 최종 소비자들이다.

이렇게 와인을 팔아 모은 재원으로 1971년에는 현대식 시설의 새 병원을 건립해서 가난한 병자들과 노인을 위해 쓰고 있는데, 이런 뜻에서 이 병

오스피스 드 본만의 독특한 경매방식. 이 납작한 판의 심지가 다 타기 전에 경매 가격을 제시해야 한다.

원은 자비의 안식소(Hospices de Charité)라고도 부른다.

　11월 셋째 주 일요일을 전후로 베풀어지는 축제와 함께 진행되는 오스피스 드 본 경매는 경매 방법도 재미있다. 사회석에는 촛불이 하나 켜져 있는데, 경매사가 가격을 제시하면 그 옆에 있던 조수가 납작한 판 위에 짧게 나온 심지를 이 초에 가져가서 불을 붙인다. 그리고 이 심지에 붙은 불이 꺼지기 전에 참가자들은 부지런히 가격을 제시해야 한다. 불이 꺼지는 순간에 나온 가격이 낙찰가로 정해진다.

　이 경매는 일반인에게는 개방되지 않고 와인 업체 대표들만 참가할 수 있다. 내게 와인 수업을 지도해주었던 메종 알베르 비쇼는 2001년 11월에 열리는 경매에 내가 참관할 수 있도록 특별히 자리를 마련해주겠다고 제안했다. 그런데 애석하게도 중요한 회사 업무 관계로 좋은 경험의 기회를 놓치고 말았다.

신의 축복을 받은 와인, 로마네 콩티

　와인을 전혀 모르는 사람도 어디선가 한번쯤은 들어봤을 이름이 바로 로마네 콩티(Romanée-Conti)이다. 와인이란 음식의 일종이니 각자 입맛에 따라 취향에 따라 다른 것이지 특별히 좋고 나쁜 것이 정해져 있지는 않다. 하지만 그래도 세계 최고의 와인 하면 로마네 콩티를 꼽는 사람이 많다.

　부르고뉴를 방문했을 때 그렇게 유명하다는 로마네 콩티를 안가볼 수 없어서 그곳 와인 생산협회에 방문주선을 요청했다. 그랬더니 다른 곳은 몰라도 로마네 콩티만은 별로 반가워하지 않을 거라는 반응이었다. 안그래도 하루에 수십 명씩, 그리고 성수기에는 수백 명의 관광객들이 몰려와 제대로 일을 할 수가 없다고 불평을 한다는 것이다. 홍보를 위해 관광객을 유치하려고 노력하는 다른 포도원을 생각해보면 참 배부른 장사를 하고 있는 셈이었다.

　나는 우선 밭이라도 먼저 보자 싶어 로마네 콩티의 밭으로 갔다. 대체로 프랑스 와인은 작은 지역을 명기할수록 고급이라고 할 수 있다. 부르고뉴 와인보다는 부르고뉴 지방의 어떤 지역, 더 세분해서 어떤 마을의 와인이냐를 밝히는 게 더 고급이라는 뜻이다. 그런데 로마네 콩티

말에 쟁기를 매고 밭을 가는 이 장면은 경작에서 다른 밭과 다르다는 것을 관광객들에게 부각시켜주기 위해 로마네 콩티가 펼치는 독특한 마케팅 방법이다.

는 마을 이름도 아니고 그 와인이 생산되는 밭의 이름이다. 로마네 콩티가 생산되는 밭은 세상에서 거기 하나뿐인 것이다. 축구장보다 조금 넓을까 하는 정도의 밭. 거기서 세계에서 가장 비싼 와인이 생산되고 있다.

내가 방문했을 때, 농부 한 사람이 말에다 쟁기를 매고 로마네 콩티 밭을 열심히 갈고 있는 모습이 보였다. 아니 요즘 세상에 트랙터를 놔두고 쟁기로 밭을 갈다니. 세계 최고급이라더니 역시 정성이 남다르다 하며 보고 있는데, 이상하게도 쟁기가 밭 안으로 들어가는 것이 아니라 밭 주위만을 돌고 있었다.

나중에 주변 사람들에게 이유를 물으니 대답이 재미있었다. 그게 바로 로마네 콩티의 마케팅 전략이라는 것이다. 관광객이 오면 얼른 쟁기를 맨 말을 밭으로 내보내 사람들이 구경도 하고 사진도 찍게 한다는 것이다. 우리 포도밭은 이렇게 경작하는 단계에서부터 다른 밭과 차별화를 하고 있다는 일종의 광고인 셈이다.

부르고뉴에서 생산되는 포도 품종인 피노 누아를 설명해놓은 전시용 사진.

물론 그런 마케팅만으로 로마네 콩티가 유명해진 것은 아니다. 실제로 로마네 콩티 밭은 포도 농사를 하기에 최적의 조건을 갖추고 있다. 이곳의 토질은 잘 부서지는 석회석 자갈과 진흙 점토가 섞여 있다. 그런데 석회 자갈은 배수를 도와주고 진흙 점토는 적절한 수분을 유지해주어 그 균형과 조화를 다른 어떤 밭도 흉내내기 어렵다고 한다. 이렇게 소중한 밭이니 애지중지하지 않을 수 있겠는가. 그래서 지난 1980년대부터는 유기농업을 도입해서 비료를 일체 사용하지 않고, 수확량도 극히 제한해서 지력을 보존하는 데 심혈을 기울이고 있다고 한다.

이 땅에서 자라는 포도나무는 피노 누아(Pinot Noir)라는 품종이다. 피노 누아는 부르고뉴 지방의 레드와인을 유명하게 해준 품종으로 기후 변화에 민감하고 생산성이 낮아서 재배가 쉽지 않다고 한다. 하지만 부르고뉴 지방의 토질과 기후에서는 신기할 정도로 잘 적응하여 최고의 와인으로 재탄생되고 있는 것이다. 땅과 나무 사이에도 궁합이 딱 맞는 천생연분이 따로 있는 모양이었다.

밭을 둘러보고 난 뒤 급히 차를 몰아 로마네 콩티 양조장으로 향했다. 저녁 무렵이라 양조장 문은 닫혀 있었지만 운 좋게 그곳 생산 당담자를 만날 수 있었다. 담당자의 말에 따르면 로마네 콩티는 1년에 4,800여 병밖에는 만들지 못한다고 한다. 포도 생산량 자체가 적으니 와인의 수량도 한정될 수밖에 없을 것이다.

대부분의 유명한 양조장들이 대개 그렇듯이 로마네 콩티도 매년 새 오크통을 사용한다. 오크통도 철저히 사전에 주문하여 제작된 것만 사용하기 때문에 오크향도 다른 것과는 좀 다를 거라는 얘기였다.

엄선해서 수확한 포도들로만 담근 와인은 모두 새 오크통에서 숙성이 된다. 생산년도에 따라 다르겠지만 이렇게 만든 로마네 콩티는 대개 10년에서 30년까지 보관한다.

로마네 콩티 하면 가격이 항상 화제로 등장하는데, 생산 현지에서도 우리 돈으로 200만 원 정도에 팔리는 걸 볼 수 있다. 품질도 품질이지만 이렇게 비싸게 팔리는 것은 희소성 때문이 아닌가 싶다. 워낙 적은 양이 생산되니 프랑스의 엘리제 궁이나 영국 왕실, 미국 백악관 등 주요한 몇 곳에 팔고 나면 일반인들에게 팔 수 있는 양은 얼마 되지 않는다. 공급이 수요를 따라가지 못하니 가격이 오르는 것은 당연한 이치다.

이 희소성 때문에라도 와인 애호가들이 평생 한번이라도 마셔보기를 소망하는 로마네 콩티. 나 역시 그 맛을 직접 느껴보지 못한 게 못내 아쉽다.

로마네 콩티와 도멘 로마네 콩티(Domaine de Romanée-Conti)의 차이

첫째, 로마네 콩티는 와인 이름이다. 부르고뉴 지방의 보네 로마네 마을의 로마네 콩티 밭에서 나오는 최고급 레드와인의 이름인 것이다. 둘째, 도멘 로마네 콩티는 약칭해서 DRC 라고 부르는데, 이것은 양조장의 이름이다. 말하자면 와인을 만드는 회사의 이름이다. 보르도 지방의 샤토 대신 부르고뉴 지방은 도멘이라는 단어를 쓰는데, 도멘 로마네 콩티는 로마네 콩티를 비롯하여 라타쉬, 리슈부르그, 로마네 생비방, 그랑 에세조, 에세조 등 여섯 개의 그랑 크뤼급 포도원을 소유하고 있다.

그러니까 도멘 로마네 콩티는 로마네 콩티 밭을 독점 소유하고 독점 생산·판매할 뿐만 아니라 다른 고급 포도밭도 소유하면서 총 6 가지의 와인을 생산·판매한다. 로마네 콩티와 도멘 로마네 콩티가 혼돈되어 가격 차이 때문에 논란이 생기기도 하므로 와인 이름과 양조장 이름을 잘 구별할 필요가 있다.

황금이 자라는 척박한 땅, 퓔리니 몽라셰

개천에서 용이 난다는 속담에 딱 어울릴 만한 마을이 프랑스에 있다. 그곳은 개천 대신에 빈약하기 짝이 없는 석회 자갈밭이 있고 용 대신에는 세계 최고의 화이트와인이 있는 퓔리니 몽라셰라는 마을이다.

부르고뉴의 다른 마을들처럼 이곳도 국도에서 바라보면 언덕까지 한눈에 다 들어올 정도의 작은 규모이다. 인구는 불과 500여 명인 작은 마을이지만 부르고뉴 화이트와인의 최정상인 10개의 그랑 크뤼 중에 무려 다섯 가지가 이 마을에서 생산된다.

몽라셰(Montrachet)에서 몽(Mont)은 산이란 뜻의 몽타뉴(montagne)를 줄인 표현이다. 그렇다면 라셰(rachet)란 무슨 뜻일까. 라셰라는 말의 뜻은 누구에게 물어보지 않고도 마을의 언덕의 모습을 보면 쉽게 알 수 있다. 볼품없는 모양새로 풀과 숲이 드문드문 이어져 있는 민둥언덕. 이것이 몽라셰의 뜻이다. 여기서 나오는 와인들에 대해서 전문가들은 세계 최고의 화이트와인이라는 평가를 서슴없이 한다.

세계 최고의 화이트와인이라……. 코르크 마개를 열고 잠시만 있으면 방 안에 복합적이고 은은한 향기가 우아하게 퍼진다. 와인 전문가들은 저마다 다양한 형용사를 동원해서 이 은은한 향과 맛을 표현하며 최고의 찬사를

퓔리니 몽라셰에서 생산되는 그랑 크뤼급 와인의 하나인 슈발리에 몽라셰의 포도밭 전경.

아끼지 않는다.

부르고뉴 와인 사업자 조합 전문가의 말을 빌리면 이렇다.

"몽라셰는 부르고뉴 화이트와인의 놀랄 만한 결정판이다. 아름다운 황금색을 띠면서, 개암나무 열매와 벌꿀 향을 연상시키는 풍부하고 복합적인 향을 풍긴다. 그리고 균형 잡히고 견고한 몸체를 가지고 있으면서 동시에 부드러움을 간직하고 있고, 그 맛은 강하면서 지속적이다."

이런 찬사를 받는 퓔리니 몽라셰의 와인들은 알려진 것처럼 샤르도네라는 포도나무 품종으로 만들어진다. 샤르도네는 화이트와인을 만드는 포도 품종으로는 최고로 알려져 있다. 하지만 그러다보니 당연히 샤르도네는 프랑스의 다른 지역들은 물론이고 미국과 호주 뉴질랜드 등 세계 여러 나라에서도 재배된다. 그런데 왜 유독 부르고뉴, 그리고 코트 드 본, 더 나가서 퓔리니 몽라셰라는 작은 마을에서 세계 최고가 생산될까.

이 물음의 대답을 나는 개천에서 용이 난다는 속담의 의미에서 찾고 싶다. 이 속담은 와인의 품질과 토양의 관계를 잘 보여순다. 다시 말해서 척박하기 짝이 없는 땅에서 세계 최고급의 와인이 나온다는 것이다. 기름진 땅에서 자라는 포도나무는 과실이 주렁주렁 매달려서 좋은 와인을 만드는 데 적합하지 않다. 척박한 땅에서 깊이 뿌리를 내려 물을 빨아 올리면서 적은 수확을 낼수록 포도송이에는 와인에 필요한 성분들이 집약된다.

퓔리니 몽라셰에서 그랑 크뤼급 와인를 만드는 포도나무들은 한 그루에 3~4개 정도의 포도송이가 열릴 뿐이라고 한다. 또 인위적으로도 적은 숫자의 포도송이만 열리도록 조절하기도 한다.

> 그러다보니 포도나무 한 그루에서 얻을 수 있는 와인이 겨우 3분의 2병 정도라고 한다. 1년을 가꾼 나무 한 그루에서 채 한 병의 와인도 얻을 수 없다니. 하지만 그렇게 수확이 적은 나무 한 그루가 다른 곳 나무 열 그루의 가치가 있는 것이다.

이 마을의 땅에는 눈에 띄게 자잘한 석회석 자갈들의 많은데, 이것이 화이트와인의 향을 풍부하게 하는 데 결정적인 요소라고 한다. 또 석회석이라고 모두 같은 것도 아니다. 이곳은 코트 도르의 지질 형성기에 생겨난 독특한 성분을 함유하고 있다. 그래서 이곳 사람들은 비가 많이 와서 흙이 언덕 아래로 떠내려가면 그 흙을 다시 옮겨다 놓을 정도로 이곳 토질을 아낀다고 한다. 그러니 이곳의 흙을 다른 땅에다가 옮겨서 포도나무를 재배하는 것은 어떨까 하는 생각을 진지하게 하는 사람도 있는 게 당연하다.

몽라셰의 독특한 점은 석회석과 점토, 규토가 충분히 섞인 지질만이 아니다. 태양을 바라보는 밭의 각도와 방향도 포도나무가 자라기에는 최적이고, 북풍으로 불어주는 바람도 중요한 영향을 미친다.

슈발리에 몽라셰 밭을 둘러친 낮은 돌담에 올라서면 저 아래 펼쳐진 넓은 들이 시야에 들어온다. 프랑스의 땅은 한눈에 보아도 검붉은 색의 기름진 땅들이 대부분이다. 저 기름진 들에서는 좋은 품질의 야채가 생산된다. 그리고 언덕 위의 척박한 땅에서는 포도나무가 자란다. 살아남기 위해서 뿌리가 깊어지고 단단해진다. 언덕 위에 있기 때문에 아무도 가려주지 않는 바람을 그대로 맞으며 더욱 강해진다. 높은 곳에서 안간힘을 써서 햇빛을 한껏 빨아들인다. 그리고는 세계 최고의 와인으로 다시 태어나는 것이다.

한국은 참으로 척박한 땅이다. 천연자원도 없고 경작이 어려운 험한 산들이 대부분이다. 거기에 식민지 경험과 전쟁까지 겪으면서 살았다. 내가 세계를 다니며 만났던 외국의 경제인들 가운데는 이렇게 불리한 조건을 가진 한국이 어떻게 오늘의 경제 성장을 이룩했는지 궁금해하는 사람이 많았다.

프랑스에서 만났던 한 경제인도 이런 질문을 해오기에 프랑스에 사시니까 기회 있을 때 퓔리니 몽라셰에 한번 가볼 것을 권했다. 그곳의 땅과 와인을 잘 살펴보면 개천에서 어떻게 용이 나는지 쉽게 알 것이다.

퓔리니 몽라셰에서 생산되는 5가지 그랑 크뤼급 화이트와인은 슈발리에-몽라셰(Chevalier-Montrachet), 바타르-몽라셰(Batard-Montrachet), 비엥브뉘-바타르-몽라셰(Bienvenus-Batard-Montrachet), 크리오-바타르-몽라셰(Criots-Batard-Montrachet), 몽라셰(Montrachet) 등 다섯 가지이다.

이런 이름을 가지게 된 역사적 배경도 재미있다. 중세시대 이 마을 주인의 가문 이름이 몽라셰였다. 그런데 자녀들에게 땅을 유산으로 나눠주면서, 큰아들에게 준 땅에는 기사를 뜻하는 슈발리에(Chevalier)라는 이름을 붙여주었고, 딸에게는 동정녀를 뜻하는 퓌셀르(Pucelle)라는 이름을 주었는데, 이 밭은 오늘날 프리미에(premeier)급 화이트와인를 생산한다. 그리고 첩에게 얻은 아들에게는 서자를 뜻하는 바타르(Batard)라는 이름을 하사했다. 마지막으로 또 다른 첩에게서 얻은 아들이 있었는데, 이 아들은 어렸을 때 울기도 잘하고 시끄럽게 굴었다고 해서 시끄럽게 떠드는 서자라는 뜻의 크리오-바타르(Criots-Batard)라는 이름을 주었다고 한다.

몽라셰의 명성을 이어가는 샤르트롱 가문

샤르도네로 만든 화이트와인의 본고장은 부르고뉴 지방의 코트 드 본 지역이다. 샤르도네 품종은 세계 전역의 와인 산지에서 생산되지만 코트 드 본에서 생산되는 것과는 품질에서 비교가 되지 않는다. 물론 그만큼 가격의 차이도 엄청나다. 깊고 은은하게 퍼져나오는 향기와 입 안 전체를 우아하게 적시는 맛은 표현하기 어려울 만큼 매혹적이다.

앞서도 말했지만 코트 드 본 지역 안에서도 남쪽 끝에 위치한 몽라셰 마을은 세계 최고급의 화이트와인이 생산된다.

샤르도네 포도나무에게는 척박한 토양의 몽라셰 언덕이 그 어떤 기름진 평야보다도 더 안락한 보금자리인 것이다. 그러나 땅과 기후가 최적 조건이라고 해서 반드시 세계적인 명성을 얻는 우수한 와인을 만드는 것은 아니다. 이런 자연조건이 필요조건이라면 이것을 살려주는 충분조건은 사람의 노력이다. 그것도 어느 한 사람의 노력이 아니라 수대를 이어가면서 축적된 노하우와 장인정신이 없으면 훌륭한 작품을 만들 수 없다. 나는 그것을 샤르트롱(Chartron) 가문을 보며 다시 한번 느꼈다.

퓔리니-몽라셰에서 만난 30대의 젊은 와인 사업가 장 미셸 샤르트롱(Jean Michel Chartron). 그는 포도 농사꾼이자, 양조 전문가면서, 파리의 경영 전문

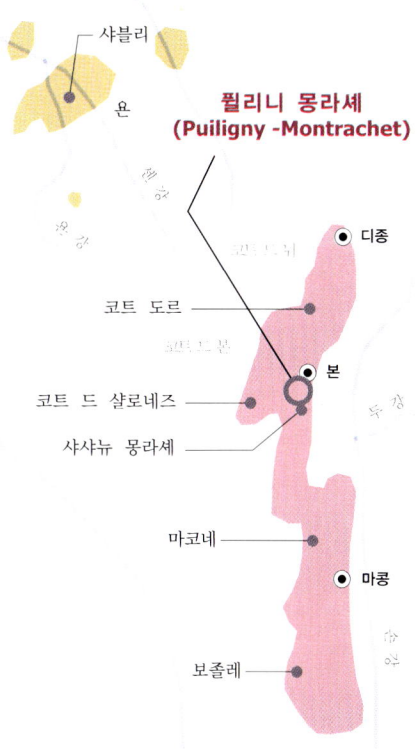

대학원에서 세계 시장 마케팅까지 공부한 인재다. 대학원 교육 프로그램의 일환으로 한국도 다녀온 경험이 있어 우리말 인사도 곧잘 한다.

  샤르트롱 집안이 와인 사업을 시작한 것은 1859년으로 장-에두아르 뒤파르 씨부터였다고 한다. 장 미셸 샤르트롱 씨로부터 따져 올라가면 5대 조상이 되는 장-에두아르 뒤파르는 슈발리에 몽라셰 밭을 인수해서 처음으로 포도 농사를 지었고, 퓔리니라는 마을 이름에 깎아진 민둥산을 의미하는 몽라셰라는 말을 붙인 당시 이 마을의 시장이기도 했다.

  뒤파르라는 집안 이름이 샤르트롱으로 바뀐 것은 2대째에 딸에게 상속을 했기 때문이다. 샤르트롱 가문은 현재 샤르트롱 트레뷔셰 도멘(Domaine Chartron et Trébuchet)과 장 샤르트롱 도멘(Domaine Jean Chartron)이라는 두 개의 상호를 쓰고 있는데, 트레뷔셰는 부르고뉴 지방 와인 사업자 협회 회장을 지낸 와인 영업 및 경영전문가이다.

5대를 이어온 와인 업자와 부르고뉴 지방의 전문 상인이 동업해서 만든 샤르트롱 트레뷔셰는 퓔리니의 전통적인 와인 생산 방법을 고수하면서 세계 최고 수준의 화이트와인을 생산한다. 그렇지만 규모는 크지 않아 연간 70만 병 정도를 생산할 뿐이다. 하지만 이 작은 규모의 양조장은 대대로 장인정신을 이어가며 그 이름을 세상에 알리고 있다.

장 미셸 샤르트롱 씨는 나를 만나자 한국과 관련해서 사랑서리가 있냐며 즐겁게 웃었다. 2000년에 서울에서 개최된 아셈 회의 때 자크 시라크 프랑스 대통령이 김대중 대통령에게 드린 선물 중에 슈발리에 몽라셰가 있었다는 것이다. 자신의 도멘에서 만든 그랑 크뤼 와인이 국가 정상들간에 선물로 오갔으니 영광이 아닐 수 없다.

"부르고뉴에는 훌륭한 도멘들이 많지만 특히 샤르트롱 가문은 포도 생산과 양조 기술에서 전통을 고수하고 있습니다. 그런데다 장 샤르트롱은 현대적인 경영학을 공부해서 그것을 전통 산업인 농업의 비즈니스에 적용하고 있습니다. 우리나라 농업도 그에게서 교훈을 얻을 수 있을 겁니다."

파리에 있는 그의 한국인 친구가 나에게 들려준 말이다.

그러면 샤르트롱 가문의 전통적인 비법이란 무엇일까? 우선 포도 농사를 지을 때 철저하게 전통적인 방법을 따르면서도 다른 한편으로는 토양에 좀더 잘 적응할 수 있는 농사 기술을 개발하고 있다는 것이다. 이 새로운 농사 기술들은 대를 이어 실험에 실험을 거듭하면서 꾸준히 조금씩 개선되고 있다.

장 샤르트롱 씨와 함께 양조장을 돌아보니 여기서는 와인의 발효 기간을 6~10주 정도로 두고 있었다. 화이트와인의 발효 기간으로는 비교적 긴 편이다. 젖산 발효를 마친 와인은 오크통으로 옮겨져서 12~13도 정도의 온도에서 숙성에 들어간다.

숙성 기간은 9~12개월 정도인데, 생산년도와 와인의 특성에 따라 숙성 기간을 다르게 해야 한다. 이것을 잘 분별해내는 게 바로 기술이라고 한다. 보통 그랑 크뤼급 와인의 숙성 기간은 다른 것에 비해 더 길다.

도멘 샤르트롱은 이 숙성 작업에서 핵심 요소인 오크통의 사용 방법이 독특했다. 이 도멘에서 만드는 와인은 마콩 지역 포도를 제외하고는 모두 새 오크통에서 숙성시키는 것이 특징이다. 매년 평균 전체 오크통의 30% 정도를 새것으로 교체하기 때문에 오크통의 평균 사용 기간은 3년 정도이다. 그리고 오크통 나무도 보주 지방과 아이에 지방에서 자란 참나무만을 사용하고, 오크통 제조 회사에도 미리 주문을 해서 오크통 제조 과정에서 필요한 부분을 강조한다.

코트 드 본의 그랑 크뤼를 생산하는 도멘들은 모두 오크통을 쓰지만 누구나 새 오크통을 쓰는 것은 아니다. 대략 10% 정도만 새 오크통을 쓰기 때문에 도멘 샤르트롱의 새 오크통 비율은 매우 높은 편이다.

사실 새 오크통을 사용하면 샤르도네의 향에 은은한 오크통 향기가 더해져 더할 나위 없이 좋지만 이것도 지나치면 문제가 된다. 나무향이 지나치면 다양한 향들이 균형을 잃는다.

이것을 조절하는 것도 샤르트롱의 기술인데, 새 오크통의 신선한 나무향이 너무 강렬하지 않도록 하고 샤르도네의 신선한 느낌이 충분히 살아나도록 균형을 잡아주는 것이다.

이곳에서 1996년산 슈발리에 몽라셰를 시음했다. 시음을 하는 동안 진지한 표정으로 나를 바라보다가 엘레강하다는 표현을 듣고는 만족한 표정을 짓는 미남 젊은이 장 샤르트롱. 그에게서는 부르고뉴 화이트와인, 아니 프랑스 와인의 저력과 희망이 동시에 느껴진다.

헤어지면서 장 샤르트롱은 한국말 인사와 함께 할 수 있는 유일한 한국말인 '당신은 참 예쁩니다'라는 말을 아내에게 했다. 이국의 미남 젊은이에게 그런 칭찬을 들었으니 짧은 만남이 얼마나 아쉬웠을까. 아내는 두고두고 몽라셰를 잊지 못한다.

11월의 와인, 보졸레 누보

매년 11월 셋째 주 목요일. 프랑스뿐만 아니라 미국, 일본, 한국 등 세계 곳곳에서는 보졸레 누보의 병마개 따는 소리가 경쾌하다. 그날은 그해의 새 술인 보졸레 누보가 출시되는 첫날이기 때문이다.

> 보졸레 누보는 보졸레 지방에서 그해에 수확한 포도로 만든 레드와인이다. 그래서 이름도 '새롭다'는 뜻의 '누보'라고 붙었다. 전세계인이 같은 날 보졸레 누보를 마실 수 있도록 생산업자들은 비행기까지 동원해 보졸레 누보를 세계 곳곳으로 급송한다.

이 와인을 전세계에서 동시에 출시해야 하는 무슨 특별한 이유라도 있는 걸까? 그건 그냥 보졸레 누보의 마케팅 전략일 뿐이다. 전세계에서 동시에 출시함으로써 와인을 마시는 사람들 사이의 동질감이나 묘한 기다림 등등의 심리를 자극하는 광고전략인 것이다.

사실 수출 분야에서 30여 년 동안 일했지만 보졸레 누보만큼 작은 상품이 수출 시장에서 획기적인 인기를 누리는 경우는 많이 보지 못하였다. 그

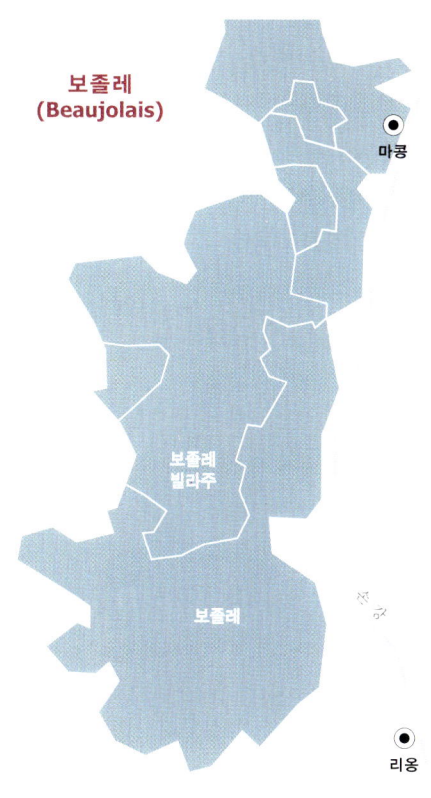

래서 보졸레 누보의 성공은 수출 마케팅 연구에 중요한 사례로 손꼽힌다. 보졸레 누보처럼 값싼 대중주가 그렇듯 세계적으로 명성을 얻은 것은 순전히 마케팅의 힘이라고밖에 볼 수 없다.

  보졸레 지방에서 재배되는 포도는 가메라는 품종인데, 이것은 생산성이 높고 재배도 쉬운 편이나 오랜 기간 숙성시킬 수 있는 와인은 만들지 못한다. 가메로 만든 와인은 당도도 부족하고 알코올 도수도 낮은 편이기 때문이다. 그러나 이 와인은 시원하고 상큼한 맛이 나고 신선한 과일향이 진해서 와인을 시작하는 사람들이나 아니면 친구들끼리 가볍게 한잔하는 와인으로 적당하다.

  내가 보졸레 지방을 찾은 건 10월 초순, 그러니까 수확한 포도의 발효 작업이 막 끝날 무렵이었다. 다른 레드와인들은 수확한 포도를 으깬 후에 침용과 발효 과정에 들어가지만 보졸레 누보는 이런 과정 없이 포도 알갱이

째 그대로 발효통 속에 넣고 그 기간도 짧게 한다. 그러면 탄닌 성분의 추출이 적어서 가볍고 시원한 맛이 나고 동시에 신선한 과일향이 강하게 난다고 한다.

발효통에서 바로 꺼낸 보졸레 누보의 색깔은 불투명하고 탁한 주황색이었다. 향은 좋은데 신맛이 아주 강했다. 아직 무르익지 않은 것으로 약 4주 정도 더 지나 11월 초순이 되면 맑아지고 산도도 내려간다고 한다. 그런데 제2차세계대전이 끝날 무렵까지는 바로 이 상태의 와인을 내다팔았다고 한다. 색깔이 선명하지 않고 포도 넥타처럼 옅은 주황색을 띠는 탁한 술이어서 탁주(Bourrus)라고 불렀는데, 사람들은 올해 수확한 포도로 만든 와인이라는 기분에 많이 마셨던 모양이었다. 특히 인근 대도시인 리옹의 식당이나 카페에서 인기가 좋았다고 한다.

이런 탁주가 11월 중순까지는 세계 곳곳에 와인의 모습을 갖추고 도착해야 하니 보졸레 누보의 제조 과정은 한마디로 속도전일 수밖에 없다.

발효를 마치면 온도를 조절하고 정기적으로 변화 상태를 검사하면서 다른 한편으로는 출하 준비를 서두른다. 9월부터 11월 중순까지 수확, 발효, 병입, 출하, 거래 협상, 운송까지에 이르는 숨가쁜 작업이 진행되는 것이다.

프랑스에서는 언론들이 보졸레 지방의 축제 소식과 함께 보졸레 누보의 출시를 연례 행사처럼 보도할 뿐 요란스러운 이

보졸레 누보가 출시된 것을 알리는 안내문.

보졸레 누보는 오래 저장하는 것이 아니기 때문에 오크통을 사용하지 않는다.

벤트 행사는 거의 없다. 프랑스 슈퍼마켓들은 새로 출시된 보졸레 누보를 매장 입구 특별 진열대에 진열해둔다. 그리고 소비자들은 그해에 수확한 포도로 담근 와인의 맛이나 한번 보자는 마음으로 한두 병 정도 구입한다. 나도 보졸레 누보가 출시되면 사무실의 직원들과 함께 한잔씩 나누면서 이 국땅에서 겨울로 접어드는 계절의 정취를 느끼곤 했다.

파리 근무 기간의 마지막 가을이 지나던 어느 날, 우연히 한국에서 배달되어 온 신문을 보다가 한 음대 교수가 자신의 음악 세계를 보졸레 누보에 비유해서 쓴 글이 눈에 들어왔다. 보졸레 누보와 음악 세계라는 주제가 마음에 들어 흥미를 갖고 읽었다. 그런데 안타깝게도 그 교수는 자신의 음악 세계와 경륜에 대한 겸손을 나타내기 위해서 자신의 음악이 오크통 속에서 숨을 쉰 보졸레 누보의 성숙함보다는 못하다고 표현했다.

보졸레 누보를 말하면서 오크통이 등장하고 성숙하다는 표현까지 나오는 건 사실 어색한 일이다. 보졸레 누보에 오크통을 사용한다는 얘기는 들어본 적이 없기 때문이다. 그해 수확한 포도를 그해 와인으로 만들어 출시하는 과정에서 오크통은 사용할 겨를도 없거니와 신선한 과일향을 내는 데도 부적합하다.

다른 사람의 글이기는 하지만 이분이 의도한 내용을 나름대로 정리한다면, '자신의 음악 세계가 부르고뉴나 보르도 지방의 오래 묵은 명품들처럼 아직 깊고 성숙하지는 못하지만 젊음과 신선함을 간직하고 산뜻한 향내를 풍기기에 보졸레 누보의 그것과 닮았다'라고 표현하는 것이 정확할 것 같다.

보졸레 누보 축제의 날. 그런데 왜 11월 셋째 주 목요일일까.

대답은 프랑스 와인 법규에 그날부터 출시할 수 있도록 규정되어 있기 때문이다. 프랑스는 와인의 품질 관리와 소비자 보호를 위해 포도의 재배, 수확, 와인을 만드는 과정, 출시 시기 등을 다 법으로 규정해놓는다.

원래 이나오(INAO) 규정에는 그해에 수확한 포도로 생산한 모든 AOC급 와인은 12월 15일 이후부터 시판할 수 있도록 되어 있었다. 12월 15일이란 발효를 마친 와인이 마시기에 부담 없을 정도의 조건을 갖추는 데 필요한 최소한의 기간이다.

그러나 전통적으로 발효 직후부터 시판해온 세 종류의 와인에 대해서는 예외를 두었는데, 그 세 종류에 보졸레 누보가 속해 있었던 것이다. 이 때문에 보졸레 누보는 탁주 수준을 벗어나지 못한 채 팔려나갔다. 하지만 그래도 보졸레 누보가 AOC급 포도주인데 프랑스 와인의 품위를 위해서라도 탁주라는 호칭은 벗어야 한다고 판단한 이나오는 1961년 행정 법령을 통해 좀더 엄격한 규정을 도입했다.

11월 셋째 주 목요일이란 출시 제한 시간은 바로 이 1961년 행정 법령이 정하고 있는 날짜이다. 즉 이날 이후부터 판매할 수 있다는 뜻이다.

1961년 행정 법령은 출시 날짜를 제한하는 것과 함께 와인의 알코올 농도, 당분 함유량 등을 엄격하게 규정하여 그 기준에 못미치는 와인은 시판하지 못하도록 하였다. 감독 요원의 시음검사는 필수였다. 법령이 이렇게 정비되자 보졸레 누보의 품질이 향상되었고 재배 농가와 취급 사업자들이 늘어나기 시작했다. 그리고 부르고뉴 지방의 대형 와인 업체들마저 가담하면서 마케팅이 강화되고 마침내는 오늘의 명성을 얻은 것이다.

보졸레 누보는 빨리 마시기 위해서 만든 와인이니 만큼 구입해서 오랫동안 가지고 있는 건 무의미하다. 또 오래 저장하면 맛이 변할 수도 있는데, 보통 다음해 5월까지는 마시는 것이 좋다.

와인이라면 무조건 비싼 술이라고 생각하는 사람이 많은데 보졸레 누보는 가족이나 친구들끼리 가볍게 한잔하기에 부담 없는 대중적인 술이다. 이런 술이 누구나 그 이름을 들어봤을 정도로 유명해졌으니 한마디로 성공한 와인이라고 할 수 있다.

늦게 수확하는 포도, 알자스의 화이트와인

프랑스의 알자스 지방이 우리 귀에 익숙한 이유는 아마도 프랑스 작가 알퐁스 도데의 소설 『마지막 수업』의 무대이기 때문일 것이다. 『마지막 수업』에는 독일 치하에서 더 이상 학교에서 프랑스어를 배우지 못하게 되어 어린아이들이 눈물을 흘리는 모습이 나온다. 바로 이 대목이 우리의 과거와 겹쳐지면서 많은 사람을 울렸을 것이다.

알자스는 독일과 국경을 맞댄 동북부 내륙 지방에 위치해 독일 영토에 속한 적도 몇 번이나 있을 정도로 영토분쟁이 심했던 곳이다. 과거 75년 동안 국적이 5번이나 바뀌었다고 한다.

파리에서 동쪽으로 기차로 4시간을 달리면 알자스 주의 인구 50만 명이 거주하는 아담한 스트라스부르라는 도시에 이르는데 바로 이곳에 유럽의회 본부가 있다. 하도 고난을 많이 겪은 지역이기 때문에 제2차세계대전 후 영국의 외무장관이었던 버먼이 유럽의회를 이곳 알자스 주의 수도인 스트라스부르에 두자고 제안을 해서 오늘날 EU 의회가 이곳에 자리잡게 되었다고 한다.

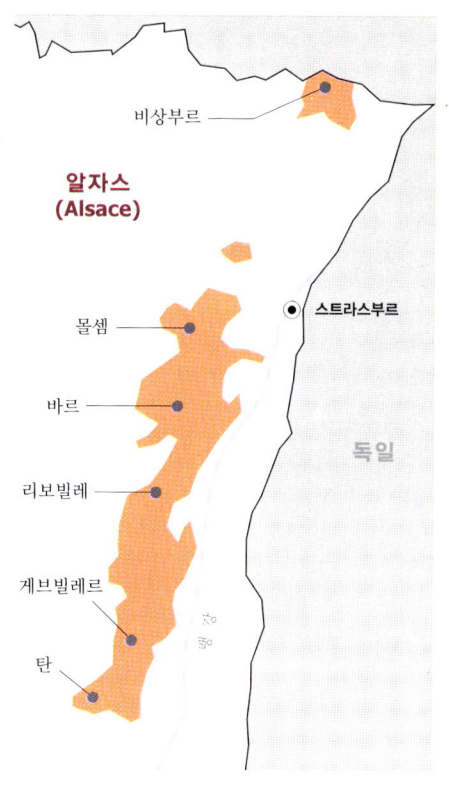

어쨌든 한때 독일의 영토였던 적도 있어서인지 알자스의 와인 스타일은 독일과 비슷하고 병 모양도 독일 와인병처럼 목이 가늘고 길다. 그러나 단맛이 주류인 독일 와인에 비해서 알자스 화이트와인은 드라이한 깊은 맛이 있다는 평이다.

이곳의 화이트와인이 유명한 이유는 지리적으로 북쪽에 위치하기 때문에 다른 지역보다 기온이 낮고 또 건조하다는 데 있다. 이런 기후는 화이트와인의 생산에 좋은 영향을 미친다. 하지만 포도나무에 수확량이 많으면 포도의 품질이 저하되기 때문에 포도나무의 간격이나 봄에 꽃봉우리의 수를 조절하여 목표 수확량을 정한다고 한다.

나는 알자스 주에 근무하는 한국인 장홍 박사라는 분의 안내로 주정부의 초청을 받아 이곳을 방문했다. 그리고 이 기회에 알자스의 유명한 와인 생산지와 유명한 양조장을 가보고 싶다는 뜻을 전했다. 그렇게 해서 스트라스

부르에서 약 70킬로 떨어져 있는 파팬하임이라는 인구 7만의 조그만한 와인 생산 지역을 가보게 되었다.

 파팬하임은 조그만 도시이긴 하나 도시의 짜임새나 깨끗함이 퍽 인상적이었다. 시장과 부시장이 시청 정문까지 나와 반갑게 맞아주었고, 그 지역의 180여 생산동업자들이 조합을 형성하여 와인을 생산하고 있다는 공장으로 안내해주었다.

 공장을 둘러보고 난 후 시음 테이블로 안내되었다. 미리 준비된 알자스 주의 화이트와인을 종류별로 테이블 위에 즐비하게 놓고 하나씩 시음을 하기 시작했다.

 알자스 주는 포도의 품종 이름으로 와인의 브랜드를 사용한다. '리슬링'이라는 이름의 와인은 '리슬링' 포도 품종으로 만들었다는 뜻이다. 리슬링을 시음하고 뮈스카, 토케 피노 그리, 게뷔르츠트라미너 등 알자스의

화이트와인 생산지인 알자스 지역은 프랑스에서도 경치가 아름답기로 유명하다.

드라이한 화이트와인을 시음했다.

알자스의 모든 와인이 포도 품종을 브랜드로 쓰는 건 아니다. 유명한 화이트와인으로 방당주 타르디브(Vendanges tardives)라는 와인이 있는데, 이를 직역하면 '늦은 포도 수확'이라는 의미이다.

방당주 타르디브는 말 그대로 다른 포도들보다 2~3주 정도 늦게 수확한 포도로 만든 와인이다. 특별히 가을에 날씨가 좋고 비가 적은 해에 초겨울 서리가 내리고 포도가 얼 때까지 기다렸다가 수확을 한다고 한다. 얼어서 건포도처럼 수분이 줄어들고 당분이 높아진 포도를 손으로 하나하나 따 모을 만큼 이 와인에 정성을 쏟는다.

알자스의 화이트와인은 보통은 드라이한 맛이지만 방당주 타르디브는 높은 당분 함량으로 와인의 초보자들도 아주 좋아하는 별미의 와인이다. 또한 당분이 높아 10년 이상 보관이 가능하다고 한다.

내가 마지막으로 시음한 것은 셀렉시옹 드 그랭 노블(Selection des Grains Nobles)이라는 와인이었다. 직역하면 '우수한 포도알 선택'이라는 뜻이다. 이 화이트와인을 시음하면서 나는 황홀하다는 느낌을 받을 정도로 빠져들었다. 내가 프랑스에서 맛본 화이트와인 중에서 가장 인상적인 맛이었다.

이 와인은 11월 말 이슬과 서리를 맞아 농익다 못해 다 썩을 정도로 되어 남은 건 당분이 대부분인 포도를 송이 가운데 가장 좋은 포도알만을 골라서 만든 것이라고 한다. 그래서 와인 명칭도 '우수한 포도알 선택'인 것이다. 향의 농도는 다른 것과는 비교할 수 없을 정도로 짙었고, 포도의 특성이 농축된 강렬하고 복잡미묘한 맛을 가지고 있었다. 하지만 아무 지역에서나 포도를 오래 놔둔다고 이러한 와인이 만들어지는 건 아니다. 특정한 기후조건과 토양을 가진 지역에 한정되기 때문에 수확량도 적다.

물론 알자스에서도 매년 이 와인을 만들 수 있는 게 아니고 일조량이 많고 비가 적은 해에만 수확할 수 있다니 그 양은 더욱 적을 것이다. 또 일일이 사람의 손으로 한 알씩 선별하여 포도를 따야 하기 때문에 더욱더 고부가가치를 지니게 된다고 한다.

그런데 궁금한 건 포도를 늦게 수확하면 이런 화이트와인이 만들어질 수 있다는 걸 처음에 어떻게 알았을까 하는 점이었다. 알자스 주의 이 특별한 와인은 11월 26일경 수확한 포도로 만든다고 하는데 11월 말이면 늦어도 너무 늦은 시기인 것이다.

같이 자리했던 파팬하임 시장에게 물었더니 그분도 정확하게 얘기하기는 어려우나 두 가지 추측이 가능하다고 한다.

첫째는, 지금은 AOC 규정상 이나오에서 정해진 규정대로 포도를 수확하고 있지만 옛날에는 수도원 중심으로 포도를 경작했기 때문에 수확 시기를 정하는 결정권자가 수도원장이었다. 이 수도원장의 수확 지시가 있어야 포도를 딸 텐데 마침 이분이 급한 일로 먼 지방에 가서 제 날짜에 돌아오지 못한 것이다. 수도원장을 기다리다보니 그만 수확 시기를 놓치고 말았는데, 뒤늦게 서리를 맞고 곰삭은 냄새가 풍기는 이 포도들을 아까워서 버릴 수가 없어 수확을 했다. 이것을 발효시켜 숙성을 해보니 놀랍게도 오늘날처럼 독특한 맛을 내는 와인이 되었다는 얘기이다.

두번째는, 수확 때가 되면 너무 일손이 딸려서 미처 수확을 못하고 그대로 나무에 매달려 있는 포도들이 있게 마련이다. 버릴까도 생각했던 늦은 포도를 수확해서 와인을 담갔더니 그렇게 달콤하면서도 깊은 향을 풍기는 독특한 와인이 되었다는 얘기이다.

둘 다 그럴듯한 이야기이다. 처음에 어떻게 시작이 되었든 간에 이 늦은 포도로 만든 와인은 세계적으로 화이트와인 하면 알자스를 꼽을 정도로 유명세를 타게 되었다.

찬이슬과 바람, 서리를 맞으며 삭을 대로 삭은 포도가 이렇듯 황홀한 음료로 다시 태어날 수 있다는 것이 믿어지지 않을 만큼 알자스에서의 와인 시음은 멋진 경험이었다.

돌아오는 길에 장홍 박사는 알자스 주에 대한 여러 얘기를 들려주면서 알자스의 수도인 스트라스부르 대학이 7명이나 되는 노벨상 수상자를 배출했으며, 특히 나폴레옹, 괴테, 슈바이처, 파스퇴르 등 유명한 의사, 학자, 문학가 등의 세계적 인사가 이 지역 출신이라는 얘기를 해주었다.

프랑스에서도 가장 아름다운 곳의 하나로 손꼽히는 알자스. 그곳의 황홀한 와인을 맛보고 그곳에서 난 훌륭한 위인들 이야기를 들으니 알자스의 경치가 더 눈부시게 느껴졌다.

유사품이 명성을 말해주는 샤블리

파리에서 근무하던 어느 날 호주에 사는 친구로부터 전화가 걸려왔다.

"요즘 와인에 관심이 많다며? 내가 좋아하는 와인이 샤블리인데 한 병 보내줄까?"

"아니 왜 프랑스에 사는 사람한테 프랑스 와인을 보내나? 기왕 보내려면 호주 와인을 보내줘야지."

"프랑스 샤블리만 샤블리인가? 요즘에는 호주 샤블리를 더 알아준다니까."

나는 이 친구에게 프랑스 샤블리 마을에서 나는 포도주만을 샤블리라고 부르기 때문에 호주나 캘리포니아에 샤블리 포도주가 있다면 그것은 가짜일 것이라고 말했지만 이 친구는 그렇지 않다고 끝까지 우겼다. 샤블리 와인 때문에 옥신각신하다가 전화를 끊어야 했는데, 서운하기도 했고 한편 미안하기도 했다. 그런데 왜 샤블리가 세계 도처에서 생산되는지 내 상식으로는 도무지 이해할 수가 없었다.

그래서 부르고뉴 북쪽에 있는 작은 마을인 샤블리에 갔을 때 나는 제일 먼저 이 질문을 꺼냈다.

샤블리 사람들은 미소를 지으며 오늘날 샤블리 와인이 세계적으로 얼마나 유명한지 보여주는 사례라고 대답했다. 설명에 따르면 프랑스 샤블리

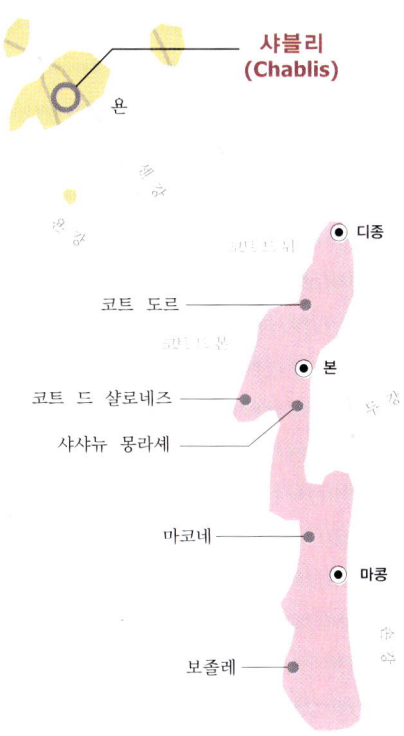

마을에서 생산되는 샤블리 와인의 연간 총생산량은 20만 헥토리터이다. 그런데 호주, 캘리포니아, 뉴질랜드, 남아프리카 공화국 등지에서 샤블리라는 이름으로 판매되는 화이트와인은 약 300만 헥토리터에 달한다고 한다. 진짜 샤블리의 15배가 되는 양이다.

프랑스 샤블리 지방 이외에서 나는 화이트와인에 원산지를 샤블리라고 쓰는 것은 명백히 거짓이고 불법이다. 하지만 다른 나라에서는 원산지가 아니라 단지 와인의 상표를 샤블리라고 쓰는 것이라고 주장한다. 샤블리 마을과 비슷한 토양에서 같은 샤르도네 품종으로 만드는 화이트와인이니 샤블리라고 못부를 것이 무어냐는 입장이다. 그러나 샤블리 사람들은 이에 대해 말도 안된다는 반응이다.

우선 농산품은 토양이 절대적이다. 토양이라면 토질, 기온, 날씨, 바람, 심지어는 태양을 보는 밭의 각도까지 포함한 포괄적인 개념인데, 어느 지방

샤블리를 방문했을 때 그곳에서 생산되는 와인을 종류별로 시음해보았다.

의 토양과 똑같은 토양을 다른 지역에서 찾는 것은 거의 불가능하다. 샤블리의 토질은 땅 속 깊은 석회질 위를 백악질이 덮고 있다. 지질 구조가 다르기 때문에 같은 샤르도네 품종으로 만든 것이지만 코트 드 본의 화이트 와인과는 모든 것이 다르다.

샤블리를 마셨을 때 신선하다는 느낌을 받았다. 어떤 사람들은 샤블리 와인에서 화약 냄새가 느껴진다고도 한다. 그런데 나에게는 과일향이 풍부하면서 드라이한 맛이 났다. 색은 연한 녹색이 배인 황금색이었다.

어떤 책에서인가 샤블리는 오크통을 쓰지 않아 오크향이 없다는 글을 본 적이 있는데 꼭 그렇지만은 않다. 샤블리에서 오크향을 중요하게 생각지 않는 것은 사실이나 그랑 크뤼나 프리미에 크뤼급 샤블리는 오크통에 담아 숙성시키는 모습을 쉽게 발견할 수 있었다. 좀더 성숙한 향과 맛을 연출하기 위해 일부는 오크통에서 숙성을 시키고 나중에 오크통에 넣지 않은 것과 섞어서 절묘하게 조화시킨다고 한다.

비슷할 수는 있으나 토양이 같을 수 없고, 샤블리의 미세한 제조 공정 전체가 완벽히 같을 수 없고, 무엇보다 만드는 사람들의 혼이 같을 수 없기 때문에 다른 지역의 샤블리와 샤블리 마을의 와인은 분명 다르다는 얘기에 고개가 끄덕여졌다.

샤블리 마을 주민들은 다른 나라 샤블리에 대해 말로만 항의하는 게 아니라 자발적으로 나서서 법정 투쟁을 벌이고 있다. 그들은 샤블리 원산지 표시보호협회라는 조직을 만들어 세계 각지를 다니며 불법 사례를 조사하고, 해당 국가 법원에 소송을 제기하고 있다.

현재는 버뮤다 최고 법원의 승소 판결을 받았고, 일본에서는 소송 준비 도중에 미국 업체로부터 켈리포니아 샤블리를 일본에 수출하지 않겠다는 각서를 제출받는 데 성공했다고 한다.

이처럼 샤블리의 유사품이 돌아다니고 그래서 샤블리 사람들이 세계 각처로 소송을 하러 다니는 것 자체가 샤블리의 명성을 더 높여주기도 한다. 왜냐하면 언론들이 이런 일을 열심히 보도해주기 때문에 광고 효과가 큰 것이다.

신선하고 향기로운 샤블리. 프랑스 샤블리 마을의 것과 다른 지역의 샤블리 중 어느것이 더 좋은지에 대한 판단은 어차피 주관적일 수밖에 없다. 하지만 어느 지역의 생산품인지를 분명히 하는 것은 소비자에게 상품에 대한 정보를 정확하게 제공하고 시장 질서를 안정시키는 데 중요한 요소다. 우리말에 신토불이라고 했지 않는가. 귤이 황하를 건너면 탱자가 되는 법이다.

지은이

김태랑

1970년에 코트라에 입사하여 30여 년 동안을 코트라맨으로 일했다. 그동안 국내보다는 해외에서 주로 일하였고, 중동·남미·북미·유럽 등 여러 나라에서 무역관장과 본부장 직을 수행하였다. 2000년에는 해외근무 경험담을 엮은 『장보고의 후예 세계를 누비다』를 출간하기도 하였다.

프랑스 파리에 체재하는 동안 와인에 심취하여 와인, 샴페인, 코냑의 디플로마를 얻었다. 현재는 전라남도 투자유치단장으로 일하고 있다.

주요 경력

도하 무역관장(카타르), 두바이 무역관장(아랍에미리트), 부에노스아이레스 무역관장(아르헨티나), 해외협력과장, 멕시코시티 무역관장(멕시코), 밴쿠버 무역관장(캐나다), 광주·전남 무역관장, 중남미지역 본부장 겸 상파울루 무역관장(브라질), KOTRA 무역진흥 본부장, 구아중동지역 본부장 겸 파리 무역관장(프랑스)

황홀한 체험, 프랑스 와인의 모든 것
김태랑과 함께 맛보는 와인·샴페인·코냑의 세계

ⓒ 김태랑, 2002

지은이 | 김태랑
펴낸이 | 김종수
펴낸곳 | 도서출판 한울

편집책임 | 곽종구
편집 | 장우봉

초판 1쇄 발행 | 2002년 12월 8일
초판 2쇄 발행 | 2003년 1월 30일

주소 | 121-801 서울시 마포구 공덕1동 105-90 서울빌딩 3층
전화 | 영업 326-0095, 편집 336-6183
팩스 | 333-7543
전자우편 | newhanul@nuri.net
등록 | 1980년 3월 13일, 제14-19호

Printed in Korea.
ISBN 89-460-3038-0 03570

* 가격은 겉표지에 표시되어 있습니다.